# 50 EXERCICES DE CHAMANISME

Groupe Eyrolles
61, bd Saint-Germain
75240 Paris Cedex 05
www.editions-eyrolles.com

Cet ouvrage a fait l'objet d'un reconditionnement à l'occasion de son quatrième tirage (nouvelle couverture et nouvelle maquette intérieure). Le texte reste inchangé par rapport au tirage précédent.



ISBN : 978-2-212-56404-4

Gilles Diederichs

# 50 EXERCICES DE CHAMANISME

Quatrième tirage 2016

EYROLLES

# SOMMAIRE

# INTRODUCTION

Question : le chamanisme est-il une approche de la réalité non ordinaire ? Réponse : non, le chamanisme vous ancre dans l'« ici et maintenant » !

On peut d'ailleurs s'interroger sur la réalité « ordinaire » lorsque l'on voit, dans cette vie à cent à l'heure et parfois vide de sens, de plus en plus de gens en quête de vérité qui se demandent « ce qu'ils font ici », comment s'articulent les relations humaines ou pourquoi des difficultés parsèment le chemin de chacun...

Le chamanisme trouve ses sources dans la relation de l'être humain avec son environnement. De tout temps et dans toutes les civilisations, cette connaissance s'est appuyée sur la volonté de l'homme d'établir un échange avec la nature et les forces qui la régissent. Sous le béton, à travers les immeubles, le règne de la nature paraît étouffé et, pourtant, sous terre, les rivières s'écoulent, le minéral vibre toujours et, parfois même, la terre bouge pour se rappeler à l'homme...

Alors, oui, le chamanisme peut se développer aussi bien en ville qu'à l'extérieur des axes urbains. C'est un chemin intérieur de découverte des potentiels énergétiques qui souvent sommeillent en chacun pour permettre l'expansion de la conscience. Le but du chamanisme est d'intégrer, au quotidien, dans le travail ou la famille, toutes les fantastiques possibilités qu'offrent cette voie du savoir.

Avec ce livre, vous allez découvrir votre chaman intérieur, rencontrer l'animal totem – et les pouvoirs qui y sont rattachés – auquel vous êtes relié, utiliser vos rêves pour vous déplacer dans les différents mondes subtils, comprendre la mort initiatique comme un grand réveil de vos ressources innées, vous sensibiliser aux transses* afin de laisser certaines zones de votre cerveau devenir consciemment opérationnelles... Revenez vers vous, partez à la conquête de vos propres connaissances qui, comme les champs en jachère, ne demandent qu'à fleurir de nouveau et à offrir leurs meilleurs fruits ; vous y avez droit, c'est en vous, à vous et à partager avec les autres... ! Car le chemin du chaman, c'est aussi l'altruisme...

* Les termes suivis d'un astérisque font l'objet d'un développement dans le glossaire p. 133.

# AVANT DE COMMENCER

On pense généralement que le chamanisme est un legs des Amérindiens. Or, s'il a, de fait, connu sa plus grande expansion et sa plus grande zone d'influence en Amérique, il est issu des sociétés traditionnelles sibériennes (le mot *chamane* vient étymologiquement de la langue toungouse[1]). Né en Sibérie, l'esprit chamanique s'est répandu de la Baltique à l'Extrême-Orient et a franchi le détroit de Béring avec les premiers Amérindiens.

Cependant, au-delà de la Sibérie et du continent américain, on rencontre des « chamans » chez de nombreux peuples, à commencer par les Mongols et les Turcs, qui seraient originaires de Sibérie, mais aussi au Népal, en Chine, en Corée, au Japon, en Afrique, en Australie et même en Europe occidentale... Qu'on les appelle sorciers, guérisseurs, mages, marabouts, gourous ou prêtres vaudou, tous cherchent un chemin vers la sagesse en s'appuyant sur la nature, ses esprits et ses forces, tous reconnaissent la puissance des mondes non ordinaires.

Ainsi, dans cet ouvrage, vous rencontrerez parfois une terminologie qui n'est pas généralement associée au chamanisme : certains mots d'origine sanskrite ou habituellement utilisés en psychologie nous étant apparus comme plus « parlants », nous n'avons pas hésité à les employer. Cette initiation ne se veut, en aucun cas, doctrinaire : elle prétend, bien au contraire, vous faire sentir ce qu'il y a d'universel dans le chamanisme...

1. Les Toungouses regroupent un certain nombre de peuples sibériens.

# CHAPITRE 1
# AVANT LE GRAND SAUT

Pourquoi êtes-vous attiré par le monde du chamanisme ? Est-ce une demande intérieure, présente en vous depuis longtemps déjà ? Parce que vous vous sentez proche de tous ces gens pour lesquels échanger avec l'invisible est le début d'un chemin véritable ? Ou alors, est-ce le résultat de rencontres particulières, ou de « coïncidences », d'associations de faits inattendus qui, par leur fréquence, vous obligent à vous poser des questions sur leurs causes réelles ?

Il est important de bien définir vos attentes ou, du moins, de poser des mots afin de clarifier vos ressentis avant de vous engager sur la voie du chamanisme, car une fois la porte ouverte sur les autres mondes, votre vision du réel ne sera plus jamais la même... Ensuite, le début du cheminement véritable vient avec l'acceptation du fait que vous devez laisser sur le bord de la route les bagages personnels qui alourdissaient vos pas précédemment. Cela n'a l'air de rien, mais voyager léger sera beaucoup plus sécurisant ! Reconnaître où vous en êtes et accepter le changement est donc la première étape de votre enracinement dans le chamanisme !

# Exercice 1 : Le chamanisme pour vous

Avant de vous lancer à corps perdu dans l'expérimentation du chamanisme, il est important que vous preniez conscience de ce qu'il représente pour vous.

**Répondez à la question 1, puis, faites une synthèse de vos ressentis grâce à la question 2.**

1

| Le chamanisme c'est… | Oui | Plus ou moins | Non |
| --- | --- | --- | --- |
| Se rapprocher de la nature. | | | |
| Être en relation avec les phénomènes paranormaux. | | | |
| Développer ses sensibilités innées. | | | |
| Mieux définir sa place au quotidien. | | | |
| S'éloigner du monde moderne. | | | |
| Un travail de développement personnel. | | | |

2 Pour vous, le chamanisme c'est :

.....................................................................

.....................................................................

.....................................................................

### Commentaire

Le chamanisme sera, de toute façon, l'expérimentation de certaines de vos facultés existantes (compréhension, manière d'être et d'agir…) entremêlées à la rencontre entre raison et inconnu… Le plus important étant de comprendre que ce chemin vous permet d'être bien présent à chaque instant de votre quotidien, avec une expansion de votre conscience qui va à la fois vous permettre de poser un autre regard et surtout vous apporter d'autres solutions ou chemins en réponse aux événements que vous vivez. C'est donc un ancrage d'abord, ancrage qui permet ensuite d'être apte à capter d'autres réalités, de les assimiler et de les faire vivre en vous sans heurts ni déséquilibre !

Vous allez vous retrouver enraciné comme un arbre. Cette image représente parfaitement l'un des fondements du chamanisme. Le fait de faire profiter votre entourage de vos expériences personnelles en est la conséquence naturelle.

## ★ Exercice 2 : Qui êtes-vous ?

Parler vous-même de vos équilibres et de vos excès vous permet d'en faire des forces et de trouver des solutions pour changer !

**Pour chaque type de tempérament cité, donnez un exemple tiré de votre vécu, puis trouvez comment vous pourriez concrètement agir pour vous améliorer.**

1 Nerveux : ..........................................................................

Action(s) à engager : ......................................

2 Sanguin : ......................................

Action(s) à engager : ......................................

3 Lymphatique : ......................................

Action(s) à engager : ......................................

4 Joyeux : ......................................

Action(s) à engager : ......................................

5 Ombrageux : ......................................

Action(s) à engager : ......................................

6 Triste : ......................................

Action(s) à engager : ......................................

7 Autres : ......................................

Action(s) à engager : ......................................

### Commentaire

Dans les voyages intérieurs que vous allez expérimenter bientôt, le goût, l'ambiance, les rencontres seront d'abord conditionnés par vos états émotionnels. Il est donc important de comprendre que plus vous acceptez de vous détacher des humeurs personnelles qui vous régissent, mieux vous réussirez à voyager et à rêver (deux techniques chamaniques primordiales) : cela deviendra simple, direct et enrichissant. Il n'existe pas de possibilité, dans ce chemin, de sauter une classe et d'éviter un nettoyage sérieux de vos excès ! C'est pour cela qu'il sera important de bien faire les exercices qui vont suivre : ce sont des préliminaires indispensables…

## ★ Exercice 3 : Au-delà des apparences

Vous vous intéressez au chamanisme. Cela démontre que vous pressentez un monde plus large et très différent que ce que votre regard vous propose. Où commence ce nouveau monde pour vous ?

**Exprimez en quelques phrases ce que vous percevez derrière les apparences : quels sont les véritables besoins qui gouvernent les événements qui nous entourent ?**

1. Derrière certaines personnalités (……………………… ……………………………………………), je ressens, ………………, je perçois ………………

2 Derrière certains mouvements religieux (................
..........................................), je ressens,
.................., je perçois ..................

3 Derrière certaines souffrances (......................
........................................), je ressens,
.................., je perçois ..................

4 Derrière certaines joies (..............................
......................................), je ressens,
.................., je perçois ..................

5 Derrière certaines politiques (.........................
.........................................), je ressens,
.................., je perçois ..................

6 Faites la synthèse, en une ou deux phrases, de ce qui ressort de vos réponses aux questions 1 à 5 :

..............................................................

..............................................................

..............................................................

## Commentaire

L'important est de trouver une certaine cohérence entre tous ces « faits » disparates pour que vous puissiez ensuite, au quotidien, vous y référer. Au départ de votre quête, cela facilitera l'acceptation de la mutation que va amener votre travail intérieur. Il vous faut un point de départ comme repère, car votre chemin ne suivra pas une ligne droite…

Les enfants, qui ont encore une analyse simplifiée et directe de ce qu'ils vivent, le pressentent bien : c'est comme si un autre monde se faisait jour derrière les paroles et les actes des adultes ! Il y a une façade, mais, derrière, un autre monde existe ! D'ailleurs, l'étude comportementale, la psychologie et la PNL se font un plaisir de décoder cela dans la vie de tous les jours.

Cette perception des choses, propre à chacun, qui se forme naturellement pour avoir un minimum de recul et se protéger, est le début de la vision d'un autre monde à construire. Ce n'est pas parce que vous allez vous initier au chamanisme que toutes les contingences matérielles vont disparaître, mais le fait de pouvoir canaliser votre pensée sur l'essentiel de ce que vous vivez, sans freiner ce que vous voulez être, vous aidera à bien relier à la terre toutes les avancées et découvertes que vous ferez. Ainsi la réalité quotidienne nourrira aussi votre quête personnelle.

## Exercice 4 : Une banalité « extra-ordinaire » !

Vous pressentez un sens derrière les choses les plus communes de votre existence ? Vous avez, par moment, l'impression qu'« on » essaie de vous parler ? Ce n'est pas une illusion : le monde non ordinaire communique en permanence avec vous ; apprenez à entendre ses messages !

**Prenez quelques respirations apaisantes[1] et lancez-vous !**

1. Énumérez quelques faits tout à fait banals rencontrés dans votre quotidien et qui pourtant traduisent une bizarrerie particulière…

**Exemple :** parmi la foule dans les transports en commun, chaque matin, vous avez l'impression de reconnaître quelqu'un ou, régulièrement, vous faites un détour pour croiser une vitrine représentant certaines figurines sans comprendre pourquoi.

.............................................................

.............................................................

.............................................................

.............................................................

2. Trouvez ce qu'il y a de commun à tous ces faits. Soyez simple et direct !

1. Inspirez par le nez en montant les épaules pour les amener vers l'arrière puis les redescendre ; expirez doucement par la bouche en gardant les épaules descendues en arrière.

**Exemple :** une envie de rêverie ; le besoin de comprendre différemment les faits de la vie ; un intérêt sans raison…

.......................................................................

.......................................................................

3. Maintenant, posez-vous la question directement : y a-t-il une forme d'idée, de pensée, de message qui vous serait destinée derrière tout cela et quelle pourrait-elle être ?

.......................................................................

.......................................................................

## Commentaire

Depuis toujours, votre sensibilité se heurte à des concepts de vie préétablis. En pratique, vous êtes, comme tout le monde, obligé de vous inclure dans le fonctionnement du quotidien en société. Pourtant, à travers ce quotidien, vous recevez des signes qui indiquent qu'autre chose est possible, qu'une partie de vous-même est sensible à d'autres types de compréhension. Sans bien le définir, vous avez envie d'utiliser un autre langage pour saisir les événements et pouvoir appréhender leurs significations cachées.

Cela montre d'abord que, en vous, brûle une flamme qui a envie de grandir et de s'alimenter autrement ! Ensuite, que, au-delà du rationnel, vit une autre source d'information sur le fonctionnement du monde des apparences : ce sont ces facettes que vous commencez à repérer, elles ont leur signification et la suite de ce livre va vous aider à développer le rapport que vous avez avec elles. Vous allez vous-même, peu à peu, mieux intégrer que la vie vous parle aussi à travers des signes, et donc apprendre à interpréter…

## Exercice 5 : Être bienveillant pour grandir

Nous sommes tous poussés, dans ce monde qui impose des comparaisons de valeur, d'esthétique et de rentabilité, à juger systématiquement celles et ceux qui nous entourent. C'est une débauche d'énergie et, surtout, cela ne nous entraîne pas vers plus de respect !

**Prenez bien le temps de la réflexion. Répondez avec sincérité et sans faire de cet exercice une autoflagellation !**

1. Indiquez dans la colonne de gauche les types de jugement (de faits, de valeurs, de comparaison…) que vous utilisez au quotidien, même s'ils vous paraissent sans importance. Dans la colonne du milieu, écrivez la manière dont vous pourriez vous en détacher.
   Enfin, dans la colonne de droite notez l'ordre d'importance (1, 2, 3…) de ce qui vous paraît porter à conséquence.

| Type de jugement | Attitude à mettre en place | Ordre d'importance |
|---|---|---|
| **Exemples :** | | |
| Mon fils cadet est moins attentionné que son frère. | Accepter que mes enfants sont différents. | (1) |
| Mes collègues se reposent trop sur moi au travail. | Prendre du recul pour me rendre compte qu'on a chacun notre fonction. | (2) |

**2 Prenez le temps de ressentir le poids émotionnel et mental que vous impose ce type de jugement dans vos rapports aux autres au quotidien.**

## Commentaire

Juger épuise inutilement vos réserves d'énergie et surtout finit par fausser vos rapports au monde. Dans le jugement, on retrouve une combinaison de valeur, de niveau… souvent associée à la peur de l'autre, la peur du miroir que constituent l'expérience et l'utilisation que font les gens de leur propre existence.

Les jugements peuvent être nécessaires pour vous construire et faire la part des choses, mais ne doivent surtout pas devenir la ligne conductrice de votre vie. Accepter le fonctionnement des autres, c'est tout simplement reconnaître qu'ils apprennent à leur manière et à leur rythme, que vous ne connaissez qu'une infime partie de leur vie et qu'ils ont le droit de s'affirmer comme ils l'entendent dans leur parcours.

Le détachement du jugement systématique ou général est une des clefs du chemin du chaman : si vous voulez un jour apporter votre aide, il faudra que les gens vous sentent disponible, bienveillant. Or, être dans le non-jugement demande beaucoup de recul, de sagesse, c'est donc le contraire de l'ignorance… Vous pénétrerez ainsi encore plus profondément dans un espace libre et fécond, prêt à ensemencer d'autres formes d'évolution. Cet espace pour accueillir en vous ce que sont les autres se créera de lui-même alors que vous accepterez de laisser chacun libre de ses choix.

## Exercice 6 : La remémoration

Le souvenir est une nourriture que la mémoire garde en panse : il peut être léger, fortifiant ou toxique…

**Munissez-vous d'un cahier et d'un crayon, asseyez-vous et respirez calmement. Ne vous contractez pas !**

1. Ouvrez votre cahier à la première double page. Décidez de plonger mentalement dans vos plus lointains souvenirs. Utilisez la page de gauche pour vous laisser aller à des graffitis spontanés : cercles, spirales, traits courts ou

longs… Respirez doucement. Quand le souvenir de vie le plus ancien arrive, notez-le page de droite.

2. Recommencez en passant d'une année à l'autre.

3. Clôturez cette première séance par de grands mouvements : ouvrez les bras en inspirant, soufflez en les ramenant près du corps.

4. Relisez vos souvenirs à tête reposée. N'hésitez pas à vous attarder sur chacun d'eux, à les considérer de manière neutre, presque comme un spectateur, afin de rentrer en acceptation positive des faits décrits.

## Commentaire

Commencez par vos premiers souvenirs d'enfance et faites l'effort d'avancer chronologiquement. N'hésitez pas à fractionner cet exercice en plusieurs séances.

Ne jugez pas, prenez simplement conscience que chacun de vos souvenirs est une pièce de votre grand puzzle. La remémoration est une phase vers le non-jugement personnel et le détachement constructif qu'il est indispensable de vivre.

C'est entre les hauts et les bas que se construit le chemin du milieu. Rien ne dure, tout est impermanence et est appelé à changer. Une fois ceci accepté, peu vous importera que les choses soient « sympas » ou non en elles-mêmes, c'est le fruit de l'expérience qui primera. Cette approche de votre vie passée vous apporte une manière de ne pas garder d'empreintes négatives de vos actes, c'est pour cela qu'il est important de pratiquer la remémoration : afin de ne pas se charger des toxines que peuvent engendrer nos expériences. La remémoration est un des actes premiers sur la voie du chamanisme.

## Exercice 7 : Les ancêtres

Savoir d'où l'on vient au niveau familial met en relief les influences à la fois positives et négatives que peuvent avoir les membres de notre famille. Le culte des ancêtres, mais aussi la connaissance de sa lignée propre, libérera le chaman de liens souvent inconscients.

**Munissez-vous d'une grande feuille et de crayons (feutres, stylos...) noir, bleu et rouge.**

- Au centre, inscrivez votre nom. À côté, celui de vos parents et, autour, celui de vos frères et sœurs.
- Inscrivez ensuite, autour, le nom de vos grands-parents, puis de vos oncles et tantes, puis de vos cousins éloignés, puis de vos grands-tantes et grands-oncles…
- Grisez le nom des membres de la famille que vous n'avez jamais, ou très peu, rencontrés et indiquez les personnes décédées d'un signe.

– Si une personne ne faisant pas partie de la famille gravite en permanence, inscrivez son nom là où il paraît devoir se trouver au regard de ses relations.

**Exemples :** un ami très proche de votre père, une voisine très présente pour aider votre grand-mère…

– Reliez en bleu les personnes qui vous paraissent bénéfiques les unes pour les autres.

**Exemples :** votre grand père s'entend bien avec tout le monde, votre sœur est très positive pour votre père…

– Reliez en rouge ceux qui s'insupportent ou qui semblent avoir des contentieux entre eux.

– Entourez en bleu les personnes qui vous paraissent positives – elles peuvent être positives, mais avoir quand même de mauvaises relations avec une (ou plusieurs) personne(s) en particulier.

– Entourez en rouge les personnes qui vous paraissent négatives – elles peuvent être négatives, mais avoir quand même de bonnes relations avec une (ou plusieurs) personne(s) en particulier.

– Prenez le temps de la réflexion. Remarquez toutes les zones d'influence positive et négative auxquelles vous êtes soumis sans même le soupçonner. Vous pouvez matérialiser ces incidences par des traits de couleur entre les personnes, les liens déjà tracés ou les zones d'influence et vous. Notez les vides, révélateurs des relations pratiquement inexistantes, qui sous-entendent peut-être des choses dont vous n'avez pas connaissance, des secrets de famille.

**Exemples :** une zone d'influence englobe tout le côté du père, parfois cela saute une génération et ce sont les grands-oncles qui sèment le trouble…

– Enfin, reliez par un trait les influences qui vous semblent les plus fortes. Ce « parcours » sera en quelque sorte le reflet actif de votre lignée, ce que vous devez encore assumer à ce jour. Faites le point.

## Commentaire

Grâce à cet exercice, vous représentez vos liens familiaux comme une galaxie, avec vous comme planète centrale et des satellites plus ou moins éloignés.

Nous portons en nous le poids de la lignée, la trace de nos ancêtres. Délier les fils de cette succession est un moyen tout simple de récupérer les énergies inconscientes qui nous consument parfois : « Il est colérique comme son grand-père, ténébreux comme son oncle… » Il est clair que des bagages énergétiques issus des relations entre membres d'une même famille viennent se loger dans notre caractère ou nos comportements. Il arrive aussi que l'on soit perçu comme le double d'une personne décédée que l'on n'a jamais rencontrée ! La lignée se doit d'être comprise, puis travaillée, afin d'en diluer l'influence.

La vraie lignée, celle des frères d'âme que vous allez rencontrer dans votre quête, deviendra votre famille d'esprit.

## ★ Exercice 8 : Le grand ménage !

Après le détachement, vient la période de la séparation volontaire d'avec son histoire personnelle. Quitter son ancienne personnalité se fait comme on se délivre de la chaîne qui relie le boulet au pied et alourdit le pas…

**Prenez le temps de bien ressentir chaque phase, investissez-vous émotionnellement.**

1. Énumérez cinq habitudes comportementales qui vous alourdissent particulièrement. Décrivez en quelques mots un exemple concret s'y rattachant, comme une petite scène de vie.

**Exemples :** il peut s'agir de jalousie, d'un appétit qui vous joue des tours, de paresse…

Habitude : ..................................................

Scène : ..................................................

..................................................

Habitude : ..................................................

Scène : ..................................................

..................................................

Habitude : ..................................................

Scène : ..................................................

..................................................

Habitude : ..................................................

Scène : ..................................................

..................................................

Habitude : ..................................................

Scène : ..................................................

..................................................

2 Asseyez-vous et respirez calmement tout en tenant vos deux paumes ouvertes jointes face à face, tranches posées en dessous du nombril, les doigts vers le sol. Fermez les yeux et visualisez la première scène que vous avez décrite à la question 1. Quand vous êtes dans la sensation de ce moment de vie, imaginez que vous posez cet instant dans vos paumes. Baignez cette scène d'une lumière blanche, avec un regard bienveillant, en acceptant que cette partie de vous se détache, n'a plus d'empreinte dans votre quotidien. Prenez le temps de ressentir cet instant, de goûter l'aspect constructif que vous donnez à cet événement.

3 Une fois dans le mieux-être, ouvrez vos mains pour disperser cette sensation dans l'air comme si vous faisiez offrande au monde de cette transmutation. Ne gardez pas pour vous ce sentiment : offrez et partagez-en les fruits…

4 Recommencez avec la scène de vie suivante de votre liste.

## Commentaire

Déconnecter les charges attenantes à votre personnalité vous aidera à mieux respirer et mieux accepter la mutation intérieure. La notion de « faire de la place » pour vivre autre chose est à comprendre au premier degré : il faut faire le vide dans les placards pour y ajouter de nouveaux vêtements !

Cela peut aussi vous amener à vous éloigner de certaines personnes proches car vous avez envie d'autres types de relations. Vous avez en vous les moyens d'agir en profondeur sur qui vous êtes. Plus vous ferez cet exercice qui lie respiration et visualisation, plus votre pensée sera claire et libre de vos comportements passés, vos nouvelles expériences seront ainsi très fécondes sur votre nouveau chemin, comme des graines poussent mieux sur un terrain propre. Reprenez donc régulièrement cet exercice !

# CHAPITRE 2
# LA FORCE EST EN VOUS !

Le chaman est très lié aux forces de la nature.

D'une part, il est patent que la nature est le siège d'un univers de manifestations qu'il utilisera pour « voyager » ou aider à guérir : esprits de la nature, tellurisme*... Mais aussi, et cela est peut-être moins évident de prime abord, parce que, grâce à ses éléments (l'air, l'eau, la terre, le feu, l'éther...), la nature lui permet d'entretenir et de développer tout son système énergétique.

Chacun de nous est plus ou moins conscient d'être traversé par des méridiens* (comme l'est la Terre par les rivières), de posséder des lieux de forces – chakras* – (comme la Terre possède des hauts lieux d'énergies – emplacements des cathédrales, dolmens et menhirs...) L'acupuncture, le yoga travaillent directement sur ces zones corporelles.

Afin de bien asseoir son cheminement, le chaman pratique quotidiennement des exercices énergétiques associés à la nature. Il acquiert ainsi l'assurance, à la fois, de bien enraciner son travail et de retrouver des fondations solides qui l'aideront à intégrer son quotidien en toute quiétude en revenant de ses pérégrinations.

Voici ces exercices, adaptés bien sûr à notre quotidien !

# ★ Exercice 9 : Clarifier la pensée

Le stress, qui est une réaction normale face aux agressions que vous ressentez comme telles, limite la clairvoyance de votre esprit en mobilisant une grande partie de vos ressources énergétiques.

**Assis ou debout, paumes des mains posées sur le ventre, yeux fermés... Effectuez les étapes suivantes.**

1. Pendant deux minutes environ, laissez votre cycle inspiration/expiration se faire sans chercher spécialement à en prendre le contrôle. Remarquez simplement si vous ressentez des endroits tendus dans votre corps : nuque, visage, dos…

2. Maintenant, expirez plus longuement que vous n'inspirez (raccourcissez la durée de votre inspiration). Pendant deux nouvelles minutes, à chaque expiration, soufflez longuement en vous efforçant de détendre les zones du corps sous tension repérées précédemment.

3. Terminez en accentuant volontairement le temps de vos inspirations, vos expirations deviennent plus courtes.

4. Ouvrez les yeux et restez ainsi à profiter de cette régénération du corps par le cycle respiratoire.

**Commentaire**

Vous pouvez faire cet exercice en toute discrétion dans n'importe quel endroit, même les yeux ouverts s'il le faut. Il permet de dégager toute la nervosité qui est en vous et vous fera accéder à une vision claire du présent dans lequel vous êtes; la meilleure oxygénation du cerveau qu'il apporte vous rendra disponible à la situation et dynamique.

Rendez-vous bien compte que vous ne pouvez rentrer dans les mondes de la conscience expansive en étant fatigué ou nerveux…

## ★ Exercice 10 : Le cycle de l'arbre

Vous relier à la terre et au ciel par la respiration amplifie votre pouvoir d'apaisement personnel, évite de tomber dans l'agitation ou l'excès de pensées.

**Pratiquez cet exercice debout, de préférence en pleine nature.**

1. Posez les paumes de vos mains sur votre ventre. Inspirez par le nez en faisant volontairement ressortir le ventre, puis soufflez par la bouche très doucement en rentrant le ventre. En même temps que vous soufflez, appuyez bien vos deux voûtes plantaires sur le sol comme pour vous enraciner en terre.

2. Posez vos paumes sur chaque côté de votre poitrine, inspirez en sortant les poumons, soufflez en les rentrant. En même temps, imaginez que vous êtes comme l'arbre qui transforme le carbone en oxygène : vous agissez sur le cycle de la vie.

3. Inspirez en levant les deux bras au-dessus de la tête, soufflez en les ramenant le long du corps. Imaginez qu'à chaque fois, vous captez les rayons du soleil et que vous en prenez de la force.

4. Répétez les phases 1 à 3 au moins sept fois.

5. Finissez en respirant tranquillement, sans contrôle particulier. Ressentez simplement que la sève de la vie s'écoule à travers votre corps…

### Commentaire

Ce cycle de l'arbre en trois phases est une manière très puissante de faire le vide en vous et de vous rendre disponible à toutes vos facultés, vos ressources propres. C'est un formidable outil pour vous détendre, vous apaiser et vous mettre dans les conditions idéales avant de commencer quelque activité que ce soit. Vous pouvez très bien le faire le soir, allongé, en aménageant chaque phase : cela vous préparera au sommeil et au rêve d'une manière idéale.

Il existe un état d'être au-delà du bien et du mal, une conscience pacifiée qui possède le recul nécessaire pour ne tomber ni dans l'angélisme, où tout se doit d'être beau, ni dans la morosité, où vous avez l'impression que toute expression de vie est empreinte de noirceur. Cet exercice vous aidera à y accéder…

## Exercice 11: Le mouvement de l'ours

Gymnastique traditionnelle Chinoise, tout en lenteur, le Qi Gong est aussi une science de la respiration qui aide à la concentration des énergies sur un point et permet ainsi d'harmoniser ses forces intérieures. Le mouvement de l'ours s'y apparente…

**Installez-vous dans un espace assez grand pour vous déplacer à l'aise, vêtu d'une tenue souple. Pratiquez au ralenti tout en gardant votre attention sur votre centre de gravité, juste sous le nombril.**

1. Genoux légèrement fléchis, inspirez une bonne fois puis avancez la jambe gauche le temps de souffler lentement, le bras droit fouettant l'air (comme si vous alliez donner une claque à quelqu'un en face de vous!) Arrêtez-vous dans cette position et inspirez par le nez. Puis soufflez en avançant la jambe droite et en fouettant l'air avec votre bras gauche. Faites cela sur dix bons mètres.

2. Faites la même chose, mais en marche arrière, comme si vous vous défendiez, sur dix bons mètres.

3. Recommencez les étapes 1 et 2 en allant un peu plus vite.

4. Si vous vous sentez dans une bonne progression motrice, sans confusion de geste, reprenez encore plus vite.

**Commentaire**

La coordination de ces gestes demande, dans un premier temps, une bonne concentration. Mais quand vous l'aurez suffisamment pratiqué, vous pourrez faire cet exercice les yeux fermés tout du long.

Les étirements, ici, requièrent à la fois souplesse et dynamisme. Se focaliser sur le centre de gravité aide à l'enracinement, condition indispensable pour être en harmonie. Avancer vous oblige à regarder vers le bas, reculer vous oblige à regarder vers le ciel. Ainsi, muscles, cerveau et énergie travaillent sur un seul point, entrent en cohérence.

En même temps, ce mouvement constitue un excellent moyen pour détoxiner le foie et bien ouvrir les chakras du bas du corps.

## Exercice 12 : Libérer son corps

Nous ressentons souvent notre corps comme un poids, une masse empruntée dans un espace qui nous semble alors trop vaste. Comment faire pour qu'il redevienne notre allié ?

Vous devez le plus souvent possible faire vos exercices dans le même lieu, afin de les « charger » de votre présence et de votre énergie. Pour cela, tracez au sol un cercle assez grand pour vous tenir jambes écartées. Il s'agit de votre cercle de pouvoir*.

**Marquez par une pierre ou une bougie chaque direction à l'aide d'une boussole. Commencez par le nord puis l'est, le sud et l'ouest.**

1. Debout sur le quart d'espace nord-est (allant du repère « nord » au repère « est »), en partant du nord, le regard horizontal tourné vers un point invisible à l'extérieur du cercle, inspirez et soufflez lentement. Les coudes maintenus pliés, amenez vos mains ensemble vers la droite puis vers la gauche tout en progressant à tout petits pas vers la limite droite de votre zone. Revenez à l'extrémité gauche de votre zone sur le même rythme, en continuant le mouvement des mains.

2. Reprenez l'étape 1 dans la zone est-sud, puis dans la zone sud-ouest et enfin dans la zone ouest-nord. Refaites le tour en sens inverse.

3. Recommencez les étapes 1 et 2, en accélérant les mouvements.

**Commentaire**

Dans votre progression, de séance en séance, vous apprendrez à laisser vos gestes se développer d'eux-mêmes.

Cet exercice a pour but de vous déconditionner au niveau moteur : l'enseignement de la société, la maîtrise et le contrôle, en effet, nous canalisent dans des attitudes conventionnelles. Mais le corps, quand on l'y autorise, peut traduire ses maux et ses besoins d'expansion de lui-même. Ainsi, commencer à danser en coordination pour ensuite « danser comme des fous » permet d'éviter de cristalliser dans les muscles, les nerfs et les articulations tout le passif du vécu.

Par ces pratiques, vous découvrirez peu à peu comment laisser la place à une toute nouvelle forme d'énergie qui, jusqu'alors, était bridée. Vos reins seront ainsi stimulés, vous gagnerez en dynamisme ! N'hésitez pas à aller marcher ensuite en pleine nature.

## Exercice 13 : La respiration cosmique

La Terre tourne autour du Soleil, la Lune, autour de la Terre… La nature nous enseigne par ces manifestations que l'ellipse est fondamentale. Dans cet exercice, vous allez imprimer ce mouvement à votre énergie propre, vous alignant ainsi sur le flux naturel qui régit l'ordre de toute chose.

**En pleine nature de préférence, les genoux un peu fléchis, mains le long du corps et les yeux fermés. Prenez bien le temps de ressentir le fluide énergétique quand il monte ou descend puis suivez les instructions suivantes.**

1. Inspirez par le nez tout en contractant le périnée, puis soufflez en imaginant qu'un léger fluide énergétique descend tout doucement de votre gorge, parcourt le centre du thorax, passe par le nombril, jusqu'au périnée. À cet instant, détendez ce dernier et posez la pointe de la langue sur votre palais.

2. En inspirant, visualisez ce fluide énergétique qui monte le long de votre colonne, passe par la nuque et arrive au sommet de votre crâne.

3. Soufflez de nouveau, en relâchant votre langue et en contractant le périnée : le fluide refait le trajet vers le bas décrit à l'étape 1.

4. Faites sept cycles complets.

### Commentaire

Faites cet exercice à votre rythme, surtout si vous n'avez pas beaucoup de souffle : de rapide les premières fois, le cycle deviendra plus lent séance après séance, c'est le but ! À la deuxième séance, faites douze cycles, puis autant que vous voulez par la suite.

Cette respiration est extrêmement puissante au niveau des endorphines qu'elle aide à libérer. Vous allez donc très vite vous détendre et passer en état « second ». C'est un excellent moyen aussi pour développer votre capacité à être totalement efficace dans le présent. Il faut bien comprendre que de rester éveillé tout en vivant des états seconds permet d'avoir accès pleinement à son potentiel d'énergie propre d'une manière concrète et facilement compréhensible. C'est la respiration cosmique qui vous permettra de reproduire cet état à volonté.

Avec cet exercice, symboliquement, vous suivez le cours des astres et passez du Ciel à la Terre et de la Terre au Ciel. Tous vos centres énergétiques sont touchés, d'où une harmonisation et une activation de vos facultés sensibles.

À faire donc très régulièrement !

## Exercice 14 : Le feu du dedans

Le feu du dedans désigne la colonne de lumière qui part du périnée et va jusqu'au sommet du crâne en entourant la colonne vertébrale. C'est cette flamme vive toujours entretenue qui permet au chaman de franchir en toute conscience les différentes étapes de ses voyages intérieurs.

**Installez-vous au sein d'un espace harmonieux – sur un rocher, auprès d'un arbre, face à de l'eau calme...**

1. Tracez votre cercle de pouvoir. Asseyez-vous, le dos droit, face à l'est. Posez votre regard sur le sol juste devant vous. Concentrez-vous simplement sur l'air qui rentre et sort de votre nez pendant quelques minutes.

2. Visualisez l'air autour de vous comme étant une lumière de « qualité respirable ». Au moment de l'inspiration, imaginez que cette lumière entre par votre nez, passe par le centre de votre front, fait le tour de l'intérieur de votre crâne et descend par la colonne vertébrale jusqu'au bas de votre coccyx. Pour bien suivre ce trajet, vous serez peut-être obligé de rester quelques instants en apnée. À éviter, bien évidemment, si vous êtes spasmophile !

3. Expirez, en visualisant la lumière qui a légèrement changé d'intensité et qui remonte dans votre colonne vertébrale, fait le tour de l'intérieur de votre crâne en commençant par le haut et sort par votre nez. Marquez une légère apnée respiratoire pour bien suivre ce trajet, les poumons vides.

4. Recommencez à l'étape 2 pour reprendre ce cycle autant de fois que vous le souhaitez.

### Commentaire

Exécutez tranquillement ce cycle respiratoire, mais en sentant bien le travail de votre souffle ; la visualisation aide, mais n'est pas obligatoire dès les premières fois.

Le temps de bien maîtriser cette respiration, vous pouvez vous sentir comme déphasé, suroxygéné : laissez faire, votre corps doit s'habituer, mais bien sûr, ne forcez rien. Si vous préférez prendre une pause, faites-le et choisissez de progresser pas à pas.

Ce cycle très simple induit une bonne ventilation et surtout fait travailler ce que l'on appelle, dans la pratique du yoga, votre énergie sacrée (*kundalini*). Elle est située à la base de votre périnée, prête à se dresser tel un serpent le long de la colonne. Dans son passage, elle dénoue les roues de feu (chakras) et brûle directement émotions ou obsessions.

C'est un exercice de choix pour renforcer votre endurance dans les épreuves et vous maintenir en forme et en harmonie avec vous-même. Vous pouvez le pratiquer avant tout type de travail à l'intérieur de votre cercle de pouvoir.

## Exercice 15 : Relier les deux mondes

Avec vos hémisphères droit et gauche connectés volontairement par des mouvements et des respirations, vous accédez naturellement à l'activation de zones du cerveau rarement utilisées consciemment. Intéressant pour ceux qui veulent « comprendre » différemment…

**Allongez-vous, les bras le long du corps.**

1. Levez le bras droit pour l'amener derrière la tête et, en même temps, pliez votre genou gauche. « Pédalez » pendant une minute tout en ramenant le bras le long du corps et en le relevant derrière la tête plusieurs fois.

2. Levez le bras gauche pour le passer derrière la tête pendant que vous pliez votre genou droit et « pédalez » une minute tout en levant et reposant le bras.

3. Reprenez d'abord lentement, puis plus rapidement, lentement de nouveau, puis plus vite… pendant au moins sept minutes.

## Commentaire

Vous pouvez, au cours de l'exercice, modifier les mouvements : pédaler « à l'envers », associer un mouvement de rotation aux allers-retours du bras.

Les mouvements en parallèle, mais inversés, le bras se tendant pendant que la jambe enroule, obligent les deux hémisphères à travailler ensemble. Cela crée une connexion centrale qui fait circuler la conscience différemment. Il ne s'agit plus de droite ni de gauche – donc symboliquement plus de bien ni de mal, de haut ni de bas : on sort du rationnel classique, de la dichotomie entre deux pôles. Cet entraînement amène votre conscience à se « décaler d'un cran ». Après cet exercice, il n'est pas rare de se sentir comme dopé positivement – dans le sens « euphorique » – et à l'aise dans ce que l'on vit. Répété régulièrement cet exercice vous permettra de retrouver cet état rapidement.

## ★ Exercice 16 : Éclairer la Lune

La face avant de l'homme est considérée, dans le chamanisme, comme solaire, et la face arrière, comme lunaire. Or, les deux astres ont autant d'importance l'un que l'autre, il est donc nécessaire de s'occuper aussi de son dos !

**Pratiquez cet exercice doucement, comme pour un échauffement. Vous pouvez vous aider en vous concentrant sur un point au milieu de votre front.**

1. Debout, levez le bras droit face à vous et faites-le tourner dans le sens des aiguilles d'une montre, tranquillement, mais complètement : vous devez bien sentir l'omoplate qui travaille.

2. Gardez le mouvement du bras droit et levez le bras gauche. Faites-le tourner dans le sens contraire des aiguilles d'une montre ! Au départ, vous allez avoir des

moments de doute et devrez contrôler de temps en temps, c'est normal.

3. Lorsque tout fonctionne sans qu'aucune vérification ne soit plus nécessaire, rabaissez les bras. Relevez-les, et inversez le mouvement : le bras droit va dans le sens contraire des aiguilles d'une montre et le bras gauche dans le sens des aiguilles d'une montre !

## Commentaire

Pratiquez aussi longtemps que vous le souhaitez – ou que vous le pouvez ! Au fil des séances, vous tâcherez d'aller tranquillement plus vite !

La coordination des bras agencée différemment, sur un rythme respiratoire particulier, va travailler sur la face arrière de vos roues de forces (chakras) qui reçoivent leur fluide nourricier aussi par le dos.

Cet exercice a pour vocation de renforcer le dos qui doit devenir comme une carapace, un bouclier contre les agressions quand vous voyagerez intérieurement. Elle va aussi vous amener rapidement dans un état second.

Encore une fois, goûtez ce moment, gardez-le bien en mémoire, afin de le retrouver en quelques instants quand vous le désirez.

Cet exercice a aussi un effet notoire sur la concentration et développe les facultés liées au troisième œil, clairvoyance entre autres…

## CHAPITRE 3

# POSER DES BASES SOLIDES

Créer les meilleures conditions d'apprentissage est indispensable. Ce sont les bonnes fondations de votre nouveau temple intérieur qui garantiront ensuite la construction correcte de l'édifice. Cet édifice va s'enrichir au fur et à mesure de vos pérégrinations, de vos rêves, de vos rencontres, de vos succès ou de vos découragements.

Je vous conseillerais de toujours garder près de vous un cahier sur lequel vous pourrez écrire les résultats de vos expériences : même deux mots peuvent résumer parfaitement vos ressentis... Dans le tumulte et le brassage des émotions, il vous sera ainsi plus simple de voir si vous progressez ou si vous tournez en rond, car les auto-illusions sont multiples sur ce chemin !

Voici, dans ce chapitre 3, les premières bases incompressibles du chamanisme actif : elles seront vos repères constants pour aller et venir dans vos voyages intérieurs. Prenez le temps de bien en comprendre le sens, car le travail dans ce chapitre est un échauffement qui vous prépare au chapitre 4, plus dense. Gardez en tête l'esprit du débutant, de l'apprenti qui s'émerveille et découvre : cette fraîcheur fera que vous accepterez plus facilement les énergies d'un monde qui n'est ni mental ni trop émotionnel... Par la suite, une nouvelle forme de confiance – que l'on pourrait taxer dans notre monde visible d'abandon et d'acceptation – se posera comme la porte d'entrée d'une oasis du savoir...

## Exercice 17 : Choisir son lieu de pouvoir*

Les enfants se sentent toujours mieux dans les endroits qu'ils connaissent et ce n'est pas anodin : nous devons aussi pouvoir nous réfugier dans un lieu sécurisant, dans un cocon, afin de nous ressourcer en toute quiétude, sans avoir à nous méfier des contingences extérieures.

**Munissez-vous d'une feuille de papier, d'un crayon noir et d'une bougie de couleur (la couleur que vous préférez).**

1. Asseyez-vous face à votre feuille de dessin, allumez la bougie, prenez votre crayon. Le dos droit, les yeux mi-clos tournés vers la feuille de papier, respirez calmement quelques minutes, vos expirations doivent être plus longues que vos inspirations.

2. Adressez-vous d'abord à votre subconscient en ces termes : « Guide ma main afin que je dessine un lieu ou je pourrai pratiquer, c'est ce que je désire ». Dans cet état d'autohypnose*, laissez peu à peu votre main dessiner des traits, des formes ; les indications partent de votre cerveau, comme des impulsions électriques, sans contrôle mental.

3. Fermez les yeux et reprenez une respiration aux expirations longues jusqu'à ce que vous ressentiez un lâcher prise* total.

4. Ouvrez les yeux, et imprégnez-vous des traits de votre dessin. Peut-être allez-vous reconnaitre tout de suite un lieu ; certaines personnes y lisent même des lettres ou des mots.

5. Le soir venu, déposez sur votre table de nuit ce dessin et continuez à formuler, avant de dormir, votre demande d'aide afin de bien situer ce lieu géographique. Le matin, notez vos impressions.

### Commentaire

Cet exercice peut demander à être refait plusieurs fois avant que le lieu ne soit trouvé. Il est important car il permet d'assouplir la frontière entre conscient et inconscient, de laisser votre moi profond exprimer ses désirs. Vous verrez à l'exercice suivant, dans le même esprit, comment demander de l'aide à vos amis « invisibles ».

Il est possible que vous retrouviez un lieu déjà connu, un lieu, pour vous, empreint de quiétude, un lieu recélant une force importante, une nature sauvage ou même une chambre où vous vous sentez libre et à l'aise. Bien définir ce lieu, c'est poser la première pierre de votre chemin : cette pierre doit être stable, non glissante ! Prenez le temps de le trouver : c'est aussi là que tous vos amis des autres mondes sauront où vous situer, ce n'est donc pas rien !

Vous verrez, à l'exercice **n° 19**, comment rendre cet endroit encore plus rassurant.

## Exercice 18 : L'ami près de vous

Vous avez parfois l'impression qu'une ou plusieurs présences vous accompagnent, que vous n'êtes pas seul, quoi qu'il arrive. Ces entités invisibles, que certains appellent « anges gardiens », d'autres, « alliés » ou « guides », vous suivent pas à pas depuis toujours, même si elles ne se manifestent que rarement. Tâchez de vous reconnecter à elles : sur le chemin de la connaissance, les aides sont précieuses…

**Choisissez un cristal (même tout petit !)[1] Allongez-vous et passez autant de temps que vous le désirez sur chaque phase de l'exercice.**

1 Passez le cristal entre les paumes de vos mains comme pour le chauffer et fermez les yeux. Laissez-vous impré-

1. Le cristal de roche est une pierre très courante, vous en trouverez aisément chez tout minéraliste. Pour mieux connaitre les pierres, leur utilisation et leurs propriétés, vous pouvez consulter *50 exercices pour mieux vivre avec les pierres*, de Brigit Hache et Joëlle Marchal, paru en mai 2013, dans la même collection.

gner par sa présence qui peut être chaude ou froide, lisse… Laissez naître une complicité avec cette pierre : elle a besoin d'être massée, vous en profitez pour vous masser les mains…

2 Les yeux toujours fermés, faites le tour de votre cristal avec le bout de vos doigts, appréciez-en le côté pointu, anguleux.

3 Portez la pierre au milieu de votre front et plaquez-la contre votre peau… Restez ainsi le temps nécessaire pour vous relaxer : inspirez doucement par le nez en faisant consciemment ressortir votre ventre et soufflez par la bouche mi-fermée…

4 Petit à petit, laissez-vous guider dans une conscience proche de la méditation ou de l'avant sommeil. Pour éviter de vous endormir, appuyez puis relâchez tranquillement les extrémités de votre pouce et de votre index droit. Étirez votre expiration afin qu'elle soit longue, plus longue que l'inspiration.

5 Devant vos yeux fermés, vous allez voir des couleurs apparaître, c'est tout à fait normal. Puis une forme, un visage, une silhouette : ce qui a besoin de se manifester à vous va le faire sous une forme quelconque, pas

nécessairement une forme reconnaissable d'ailleurs… Laissez faire et n'attendez rien de précis, ne mentalisez pas, ne fixez pas cet instant : de lui-même il va évoluer…

6 Si vous sentez une grande paix ou de l'agitation, laissez faire : il faut d'abord pouvoir « remettre à niveau » ce rapport avec celui ou ceux qui vous accompagnent. Détendez-vous et profitez… Peu à peu, habituez-vous à voir évoluer des expressions énergétiques et laissez-les aller et venir.

## Commentaire

Le cristal est considéré en gemmologie comme un amplificateur émotionnel. La fréquence de ses ondes posée sur votre troisième œil, celui dit de « la vision intérieure », vous aide à affiner votre perception des mondes subtils.

Cet exercice est à faire trois fois par semaine, il est très bénéfique juste avant l'endormissement. Vos rêves peuvent alors vous en apporter une suite intéressante, alors n'hésitez pas à les noter !

L'énergie que vous apporte le cristal, ainsi que le fait d'accepter de vous sentir en relation avec une partie intime de vous, vont peu à peu induire des manifestations repérables dans votre quotidien. Laissez le temps faire son œuvre. Des souvenirs, des répétitions d'images vont venir vous confirmer que vous n'avez jamais été seul. Soyez patient, n'imposez pas des résultats, éloignez-vous de la notion de temps…

Vous allez de toute façon vous apercevoir que, dès que vous laissez être, un lieu, un ancêtre, un objet va revenir très souvent dans votre champ de vision, associé ou non à des odeurs, des sons… Notez tout cela. Des événements vont se succéder pour renforcer cette première actualisation entre vous et l'invisible… À un moment, vous rencontrerez un nom, un visage, une représentation symbolique (une lettre grecque comme alpha, par exemple, ou autre chose) qui sera pour vous un déclic, qui fera sens. Prenez cette première manifestation comme le signe tangible que vous êtes en relation avec une forme énergétique. Vous pourrez dès lors la solliciter en vous servant de ces premiers « signes » comme moyen de vous connecter à elle, à lui…

## Exercice 19 : Se sentir en sécurité

On se sent souvent vulnérable face aux épreuves de la vie. Vous avez trouvé, grâce à l'exercice **n° 17**, le lieu dans lequel vous vous sentez à même de vous épanouir. Mais, comme nous l'avons déjà vu, il est très important que cet endroit soit sécurisant, que vous vous y sentiez protégé.

**Munissez-vous d'une boussole et de plusieurs bougies puis rendez-vous sur votre lieu personnel de pouvoir.**

1. Utilisez la boussole pour bien repérer ou se trouvent le nord, le sud, l'ouest et l'est.

2. Allumez une bougie dans chaque direction repérée (couleur au ressenti!), en demandant à chaque fois à l'entité (figure symbolique, personne physique ou système de croyance propre...) que vous avez rencontrée à l'exercice **n° 18** de protéger cet endroit afin que vous soyez en paix à chaque fois que vous y séjournez.

3. Placez-vous au centre des quatre bougies et imaginez que le lieu se remplit d'une énergie blanche et protectrice. Cette énergie forme une robe de lumière que rien ne peut ternir ou amoindrir.

4. Terminez en offrant symboliquement au monde visible et/ou invisible le fruit de votre méditation. Pour cela, imaginez que des pans de votre «robe de lumière» se déroulent dans l'univers.

## Commentaire

Plus vous vous investissez émotionnellement dans ce rituel, plus vous renforcez le lieu d'une énergie bénéfique et protectrice. Ce moment est indispensable pour ne pas laisser entrer les influences parfois négatives venues de l'extérieur. Vous pourrez ainsi diminuer vos craintes, vos anxiétés naturelles. N'hésitez pas, pour vous sentir plus à l'aise, à utiliser des encens comme le cèdre ou l'oliban, des huiles essentielles comme la bergamote, tout cela à votre convenance.

Il est souhaitable que vous fassiez souvent ce travail, d'autant que cela personnalise chaque fois un peu plus votre espace. Dans les moments où vos recherches vous pousseront au plus loin, il vous sera très agréable de vous sentir chez vous, dans votre décor avec vos énergies, pour savourer le fruit de vos expériences en toute sécurité.

## Exercice 20 : Tisser son cocon

Vous avez trouvé et protégé un lieu où vous retrouver. Cependant, pour que partout vous vous sentiez en sécurité, vous pouvez harmoniser votre système énergétique, le canaliser pour le transformer en armure…

**Au centre de votre lieu de pouvoir, tournez-vous vers le nord.**

1. Détendez-vous en respirant calmement. Soufflez doucement en détendant tout votre visage, inspirez calmement, puis soufflez en relâchant le haut du corps, inspirez, détendez votre ventre en expirant, inspirez, détendez vos jambes et vos pieds.

2. Inspirez et sentez un air frais qui vous remplit la tête ; puis expirez, en même temps que cet air, tout résidu de nervosité qui pourrait se trouver encore en vous. Faites cela au moins trois minutes.

3. Fermez les yeux et imaginez qu'un cône de lumière se forme autour de vous. À chaque inspiration, cette lumière qui vous enveloppe se diffuse uniformément pour remplir tout le cône. À chaque fois que vous soufflez, elle tourne en spirale et prend de la brillance.

4. Une fois que l'énergie est bien présente, que votre cône est bien formé, ouvrez les yeux, remerciez et offrez au monde cet instant personnel.

## Commentaire

Si vous avez du mal à visualiser, suivez simplement le protocole, et essayez de sentir, au moins, que vous êtes en phase, que vous êtes concentré sur votre intention de « voir ».

Continuez cet exercice jusqu'à ce qu'il devienne naturel, comme il est devenu naturel d'appuyer sur un bouton pour allumer la lumière ! Cela peut vous prendre entre 10 et 20 minutes.

Ce type de respiration équilibre tous vos centres énergétiques (chakras) et apporte de l'harmonie à votre système nerveux. Une forme de muraille énergétique se construit qui vous mettra en confiance et surtout vous permettra de prendre du recul quant aux émotions que vous allez forcément expérimenter bientôt.

Le principe de pensée créatrice est, lui aussi, développé ici. Il est maintenant communément accepté que la pensée agisse sur la matière, il est donc naturel d'intégrer cela dans votre pratique : vous êtes créateur de votre réalité ! Soyez-en profondément convaincu, cela vous aidera à bien voyager…

## ★ Exercice 21 : Votre première transe*

La transe est un état d'expansion de la conscience, dans lequel l'individu transcende sa condition humaine en libérant ses sens, ses perceptions, son âme, son esprit…

**Choisissez un endroit de danse, libre d'objets, pour y tracer votre cercle de pouvoir* et diffusez une musique rythmée.**

1. Debout, faites vibrer vos jambes depuis les talons jusqu'aux hanches. Ne forcez pas l'expression de vos jambes, laissez-les bouger librement, sans aucune retenue !

2. Quand vous sentez que le bas de votre corps s'exprime en totale indépendance, peu à peu, relâchez les hanches

et le torse. Inexorablement, vos bras et vos mains vont commencer à vouloir prendre leur rythme, leur propre mouvement. Laissez être… Vous vous penserez peut-être hors rythme musical, qu'importe…

3 Laissez votre souffle rythmer les mouvements, ayez confiance en votre corps qui lâche peu à peu ses conditionnements. Votre tête va suivre, ne la retenez pas.

4 À un moment, vous allez peut-être décrocher du moment présent, c'est-à-dire vous sentir extrêmement serein et dégagé d'une chappe de fatigue nerveuse : c'est le premier but de la transe… À partir de ce moment-là, accueillez toute manifestation visuelle ou émotion comme une information de votre inconscient, mais encore une fois, ne forcez rien…

5 Réinvestissez peu à peu le lieu de danse en calmant progressivement votre respiration. Vous pouvez vous allonger quelques instants et profiter du calme que vous vivez. Si vous pouvez ensuite vous doucher, cela constituera une transition parfaite !

## Commentaire

Choisissez une musique rythmée moyennement lente et répétitive, relativement longue ; si possible ethnique plutôt qu'électronique. Plus tard, vous investirez dans un tambour et son bâton (chapitre 5).

Vous devez absolument laisser votre corps agir à sa guise. Fermez les yeux si vous le sentez. Vous expérimenterez sans doute des danses qui ressembleront à de la danse africaine, amérindienne, asiatique, celtique… qu'importe… C'est vous !

Cette première transe a pour but de vous aider à passer du quotidien routinier à votre moi plus informel, dans le sens de plus intime, et trop rarement exprimé.

Le fait d'accepter le lâcher prise* du corps permet à celui-ci de « décloisonner » ses fonctionnements rythmiques habituels. Votre respiration se règle différemment, le cerveau se retrouve oxygéné sur un cycle respiratoire modifié, ce qui permet à certaines de ses zones de s'éveiller. Vous commencez alors à vivre dans le présent une conscience beaucoup plus large, votre analyse se fait selon d'autres repères, une conscience sans jugement de valeur, une conscience qui accepte l'inconnu… et ce qui en résulte. Par cette première expérience de la transe, vous assouplissez déjà le lien entre présent et expansion de conscience.

## Exercice 22 : Votre première marche de vision

Les chamans amérindiens trouvent des réponses, reçoivent des conseils en se mettant en état de réceptivité au cours d'une marche : c'est la quête de vision…

**Vous devez vous sentir calme : pratiquez si nécessaire des exercices respiratoires en ce sens avant de commencer. Prévoyez un itinéraire[1] à l'avance.**

1. Écrivez sur une feuille de papier une question qui résume bien ce que vous auriez besoin de comprendre ou de savoir. Cette phrase doit être courte et sobre, directe. Prenez le temps de bien ressentir l'importance de cette question. Répétez-la doucement dans votre tête en étant sûr qu'il vous faut une réponse.

2. Une fois que votre demande est bien claire, posez symboliquement votre question dans les paumes de vos mains ouvertes et offrez-la à l'univers, comme un don.

3. Commencez à marcher doucement en faisant le vide dans votre tête. Si des pensées surviennent, n'y donnez

1. Choisissez un itinéraire familier, rassurant, sur lequel vous vous sentez à l'aise ; sa longueur n'a pas d'importance.

pas corps, laissez-les voyager, comme des nuages qui filent dans le ciel. Vous pouvez vous aider en choisissant de garder le regard baissé à quelques mètres devant vous ou à mi-hauteur des gens (si vous êtes en ville).

4 Maintenant faites confiance, laissez le message (la réponse à votre question) venir vers vous. Certains auront comme un flash, une vision claire d'un fait, d'une scène… D'autres se laisseront imprégner par des sons, des odeurs, des couleurs, mais aussi des souvenirs, les mots d'une conversation… Certains seront sensibles à des inscriptions qu'ils remarquent sur des panneaux (sens interdit, impasse…), des annonces lumineuses (déménagement, épargne…) Enfin cela peut se manifester par l'envie urgente de contacter quelqu'un, une certitude soudaine, des mots prononcés par un inconnu croisé et qui se révèlent être éclairants…

5 Une fois votre réponse cernée, remerciez l'univers et offrez votre gratitude symboliquement, ou concrètement (fleur pour quelqu'un, gâteaux à offrir).

**Commentaire**

Il n'y a pas de règle quant à la manière dont la réponse va vous être apportée. La réponse peut aussi arriver le lendemain de votre marche ou plus tard à travers un rêve ! Ce qui est important, c'est de mettre en place un lâcher prise* forgé dans la confiance et une volonté de reconnaître que vous avez besoin d'être accompagné, voire même guidé et aidé. Certains chamans peuvent parcourir des dizaines de kilomètres ainsi, pour retrouver une personne recherchée, sans savoir aucunement où se trouvait cette personne au départ ni de quoi elle avait l'air…

L'écoute et le repérage des signes fait partie du chemin chamanique. C'est une des bases du langage à construire avec ses amis de l'invisible… Répétez cet exercice très régulièrement, même si vous n'avez que des questions qui vous paraissent futiles !

## ★ Exercice 23 : Ouvrir et fermer le monde

Pour avoir accès à un nouveau monde, il faut aussi savoir construire, visuellement, une porte que l'on ouvre ou ferme à volonté.

**Dans l'idéal, pratiquez en pleine nature, sinon dans une pièce aérée.**

1. Positionnez-vous de manière à ce que votre regard ne puisse pas être détourné par des lumières, des reflets ou des mouvements. Respirez doucement, volontairement.

2. Dès que vous sentez votre mental apaisé, fermez les yeux. Prenez quelques instants pour ressentir en vous l'état de calme qui s'est installé tout en massant avec le bout de votre index le centre de votre front.

3. Visualisez[1], sur votre écran mental, un point qui grossit progressivement. Quand il atteint la taille d'un ballon de foot, arrêtez et observez-le : sa couleur, son énergie.

4. Faites se rétrécir le ballon jusqu'à son point de départ. Reprenez une respiration lente et calme.

5. Ouvrez les yeux et recommencez, yeux ouverts, votre visualisation en ne vous laissant pas distraire par l'environnement.

### Commentaire

Répété régulièrement, cet exercice va vous aider à ouvrir votre vision « sensible », le troisième œil, mais aussi à pouvoir vous en éloigner si nécessaire. Il n'est pas question de vous laisser envahir ou déborder parce que vous percevez d'autres réalités ! L'entraînement régulier fait que vous utiliserez ensuite ce type de vision au moment opportun.

1. Voir *50 exercices de visualisation créatrice*, de Marielle Laheurte, paru en septembre 2013, dans la même collection.

Les exercices énergétiques proposés précédemment sont nécessaires pour renforcer cette acuité : en effet, la fatigue, l'hypersensibilité peuvent laisser le champ libre, contre votre volonté, à vos facultés de « voir » qui deviennent alors très dérangeantes.

Cet exercice est excellent pour rester dans le confort d'une vision décidée, qui ne vous empêche en rien de revenir bien présent dans l'« ici et maintenant » dès que vous le souhaitez.

## ★ Exercice 24 : Voir les auras*

Sur votre chemin, face aux gens qui vous entourent, vous obtiendrez beaucoup plus d'informations directes en observant l'énergie qui se dégage d'eux qu'en écoutant mille paroles ou promesses. Une manière de gagner du temps…

**Face à la photo d'une personne, dans un endroit tranquille.**

1. Posez la photo sur votre bureau ou sur une table. Respirez tranquillement en laissant vos yeux se promener sur les détails : le visage, les bras… Ne fixez rien en particulier, mais balayez la photo de votre regard, par zone… Si cela vous aide à vous détendre, posez votre tête entre vos mains, coudes sur le bureau. Prenez le temps de vous sentir détendu.

2. Regardez l'ensemble de la personne (restez détendu) et massez le centre de votre front. Puis, fermez les yeux pendant 3 secondes et ouvrez-les 3 secondes. Recommencez (ouvrir/fermer) au moins 7 fois. Puis gardez les yeux fermés au moins 10 secondes : remarquez si vous avez bien la continuité de l'image sur votre écran mental. Reprenez si nécessaire jusqu'à ce que vous gardiez au moins les contours généraux de la personne.

3. Ouvrez les yeux, le regard fixé sur la photo et essayez de distinguer, autour de la silhouette de la personne, des strates de lumière, des rayons même diffus. Si vous ne les voyez pas, tâchez de percevoir une énergie puissante ou faible, douce ou violente qui se dégagerait de la photo et de la personne. Si vous le pouvez, cernez visuellement le contour de la personne, le type de sa personnalité doit rayonner.

4. Continuez à respirer doucement et recommencez tout le processus.

### Commentaire

Après vous être « entraîné sur photo », vous pourrez passer aux personnes réelles, dans les transports en commun, avec des proches…

Cet exercice va développer votre sensibilité au système énergétique humain qui s’exprime à travers ses rayonnements. C’est une faculté que vous possédez déjà : quand vous pensez « cette personne dégage de bonnes/mauvaises ondes », ce n’est pas pour rien ! Il en est de même quand vous vous « sentez nu » devant quelqu’un ou « vu », dans le sens ou vous ne pouvez rien cacher !

Pour l’utiliser, il suffit simplement d’avoir bien conscience que vous pouvez avoir accès quand vous le désirez à ce sens si particulier et si pratique. Soyez bien conscient que, plus vous pratiquerez, plus votre sensibilité s’accroîtra.

L’énergie parle profondément de qui est la personne, le verbal n’a que rarement ce pouvoir. Observer sera donc aussi une manière de ne pas s’épuiser dans des interrogations ou des échanges incompréhensibles avec les gens.

## ★ Exercice 25 : La vie sous un nouveau jour

Les exercices que vous avez pratiqués jusqu’à maintenant sur la voie du chamanisme ont eu une incidence sur votre quotidien. Il n’est pas toujours aisé de s’en apercevoir, aussi faire le point est-il nécessaire : décelez les messages qui vous ont été envoyés, prenez conscience de l’évolution de vos aptitudes à la compréhension…

**Munissez-vous d’un petit carnet et d’un crayon noir.**

1. Pendant une semaine, notez simplement les événements qui rythment votre quotidien : transports, réunions, déjeuners, rapports humains ; précisez aussi si vous êtes en « phase » ou « déphasé », en crise ou pas en crise ; etc.

2. À la fin de la semaine, prenez du temps pour noter ce qu'il y a eu d'inhabituel entre ces événements répétitifs : une annulation, le changement d'attitude d'un collègue, le retour d'une personne oubliée dans votre famille, une plus grande volonté de changer de type de rapport, ce qui vous paraît être une continuité ou, au contraire, un changement…

3. Notez ensuite les drôles de coïncidences, de hasards…

**Exemple :** cela fait trois fois que vous croisez la même personne (inconnue au départ), qu'un de vos proches tente de vous joindre sans laisser de message ; en vous baladant vous prenez toujours une pause au même endroit ; vous pensiez à un ami et il appelle juste après…

## Commentaire

Dans votre présent, il y a plusieurs vies qui se jouent en même temps, un peu comme un mille-feuilles d'expériences parallèles qui vivent les unes à côté des autres. Souvent vous le comprenez à travers vos rêves qui vous amènent à être carrément quelqu'un d'autre, avec d'autres facultés. Tous ces « possibles » viennent pourtant de vous-même, de potentiels que souvent vous ne soupçonnez pas !

Le meilleur moyen de mettre à jour ces états d'être afin d'y avoir accès est de changer de voie comme vous le faites, de penser différemment et donc d'agir différemment aussi. Inévitablement, et cela est rassurant, votre changement se traduit dans la vie de tous les jours, et les événements et répercussions qui s'y rapportent en sont le fruit. C'est aussi comme cela que vous savez que vous êtes dans le juste. Il est clair que vous ne recherchez pas des choses linéaires, ni la normalité !

Faites le point ainsi une fois par mois, vous en tirerez de grands messages, leur interprétation ne dépend que de votre envie d'apprendre…

# CHAPITRE 4
# LES LIENS CHAMANIQUES

À travers ses expériences, le chaman se retrouve confronté à tous ces points de forces, de références que sont les symboles chamaniques : les cycles de la nature – saison, jour et nuit – mais aussi les astres qui transmettent à la Terre leur influence – le Soleil, la Lune… Le chaman vit dans un univers riche d'échanges permanents qu'il doit entretenir. N'oublions pas que, pour la tradition chamanique, le monde tel que nous le percevons de prime abord n'est qu'une illusion, qu'il est de la nature du rêve…

Afin de toujours pouvoir ouvrir sa conscience au plus loin des possibles, le chaman suit une voie où la discipline est primordiale (ordre hiérarchique très marqué notamment par les rituels). Tout comme les sorciers (car ils connaissent des éléments de vie), ceux qui pratiquent le chamanisme doivent acquérir une solide compréhension des aides ou alliés qui encadreront le chemin qu'ils vont suivre.

Voici comment bien comprendre l'importance de ces symboles et comment les utiliser afin d'enraciner solidement les expansions de conscience et les découvertes que vous ferez.

## ★ Exercice 26 : Reliez-vous à l'astre lunaire

La Lune est, pour beaucoup de civilisations (Grèce antique, Chine…), symbole de féminité, avec tout ce que cela sous-entend en termes de fécondité, de naissance, de créativité… et, il ne faut pas l'oublier, d'intuition, de perception. S'allier ces attributs permet au chaman d'aiguiser ses sens occultes.

**Une nuit de lune croissante (entre la nouvelle lune et la pleine lune), confortablement vêtu…**

1. Partez vous promener en pleine nuit. Respirez lentement au départ. Augmentez progressivement l'allure de votre marche sur 100 mètres, puis revenez à une marche douce sur quelques pas, avant d'accélérer de nouveau. Recommencez plusieurs fois l'alternance accélération/marche tranquille, cela favorisera votre apaisement mental et émotionnel et diluera les pensées parasites possibles.

2. Portez ensuite simplement votre attention sur les sons, puis sur les odeurs ; laissez votre vision s'habituer à la pénombre. N'analysez rien. Prenez juste conscience que les reliefs sonores sont tout à fait différents, que certaines odeurs surpassent les autres, que l'ambiance générale est calme ou agitée, profonde ou étouffée…

3. À un moment, arrêtez-vous pour ressentir cette énergie si différente de celle du jour. Il ne s'agit pas de celle de

la nuit, mais de celle de la créativité qu'amène la montée de la lune. Son influence change votre perception des éléments, vos ressentis, vos sens sont aiguisés… Si vous pouvez distinguer la lune, laissez simplement votre regard se perdre dans sa blancheur, laissez votre cerveau se purifier dans son fluide. Rentrez ensuite pour laisser les songes vous apporter des messages.

## Commentaire

Au cours de votre promenade, rapidement, vous allez ressentir une présence : toute une vie règne là. L'environnement se nourrit des rayons lunaires, de cette force qui provoque même les marées…

La Lune agit sur le corps émotionnel, fait ressortir les souvenirs, et accentue la réceptivité à toute manifestation de vie. Si vous passez une nuit de pleine lune dans la nature, vous serez surpris de la fécondité de votre imagination, de même que de voir les animaux qui viennent se régénérer en ces instants… L'eau des lacs ou des rivières est alors un parfait amplificateur de ces états modifiés de conscience, recherchez-les.

La Lune, élément féminin, mais aussi symbole de sensibilité, d'inspiration est indispensable pour travailler ; elle est le complément du Soleil, élément masculin, symbole d'activité, d'ancrage dans le réel.

Prenez le temps d'écrire vos sensations après cet exercice ou de pratiquer ne serait-ce que quelques instants une activité artistique afin de prolonger le moment de créativité que vous aurez partagé avec l'astre de la nuit.

## ★ Exercice 27 : Buvez le Soleil

Le Soleil, élément masculin, symbolise la chaleur, la flamme qui guérit, l'action dans la réalité. Le chaman va apprécier son énergie, sa force de vie…

**De préférence en pleine nature, positionnez vos pieds nus de façon à ce que vos voûtes plantaires soient en contact avec la terre.**

1. Au lever du jour, fixez l'azur rayonnant, levez vos bras, doigts pointés vers le soleil (visible ou non !) En inspirant, ressentez (même symboliquement) que les rayons rentrent par vos doigts, votre crâne, et parcourent tout votre corps, tout en vous apportant dynamisme et harmonie. En soufflant, rabaissez vos mains vers la terre afin de vous décharger de votre éventuelle surcharge émotionnelle ou mentale. Recommencez. Remerciez.

1. À la tombée du jour, les yeux mi-clos, imaginez un rayon de soleil qui vient jusqu'à vos lèvres. Buvez-le comme un précieux élixir énergétique. Suivez son trajet dans tout votre corps et ressentez son effet apaisant. Recommencez. Remerciez.

## Commentaire

Consacrez autant de temps que vous le souhaitez à chaque étape de l'exercice. Il est important de pratiquer le matin, au moment où l'énergie solaire monte, et le soir, quand elle redescend.

Le Soleil est le symbole du feu nourricier, de l'énergie. C'est un astre majeur. Pratiquer régulièrement cet exercice, c'est lui faire honneur.

Cet échange doit se faire à chacune des quatre saisons. L'intensité lumineuse n'étant pas la même entre hiver et été, vous allez, par cette pratique, mettre vos biorythmes en phase avec la période de l'année que vous traversez.

Par ailleurs, il est important de prendre conscience régulièrement que, jour sombre ou lumineux, le Soleil dispense la vie. De plus, symboliquement, les entités non incarnées les plus évoluées vivent autour du Soleil.

## Exercice 28 : Célébrez la Terre-mère et le Ciel-père

La Terre est un symbole féminin (la Lune est son complément), elle vous accueille pour vos expériences ; le Ciel est un symbole masculin (le Soleil est son complément), il constitue le toit qui vous protège pendant vos expériences.

**Dans un endroit calme, si possible le matin. Munissez-vous de quelques pierres qui vous auront attiré au cours de vos promenades, d'une bougie et d'allumettes.**

1. Faites quelques exercices respiratoires pour vous détendre et stimuler votre concentration[1].

2. Empilez les pierres: elles représenteront la Terre. Placez votre bougie au centre de votre construction. Procédez avec lenteur et solennité. Allumez la bougie: la flamme représente le Ciel, la lumière qui vous protège de l'ombre. Asseyez-vous pour méditer.

3. Visualisez la planète, la nature, ressentez leur beauté. Ouvrez votre cœur, laissez s'échapper un sentiment de gratitude, remerciez d'être ainsi accueilli pour le bien de votre évolution.

4. Visualisez les nuages, le vent, les étoiles, l'immensité de la voûte céleste qui rassure par ses infinies possibilités d'extension. Continuez à ouvrir votre cœur, remerciez pour toute cette beauté.

5. Restez ainsi quelques minutes en respirant calmement et prenez bien conscience de l'aspect sacré que repré-

1. Pour les exercices concernant la respiration, vous pouvez consulter *50 exercices pour mieux respirer*, de Valérie Di Daniel, paru en novembre 2012, dans la même collection.

sentent la Terre et le Ciel, ces « parents » qui vous permettent d'évoluer. Si vous avez envie de lâcher des mots, de converser avec la nature, faites-le à cet instant.

6. Mouillez deux doigts et pincez la mèche de la bougie (si vous n'y arrivez pas, soufflez-la). Offrez les bienfaits de cet exercice à la nature tout autour de vous.

## Commentaire

Vous pouvez, pour un plus grand bénéfice, pratiquer cet exercice au centre de votre cercle de pouvoir.

Le monde moderne nous éloigne souvent du *respect* que devrait nous inspirer la Terre. Souvenons-nous qu'elle conditionne notre évolution, nous apporte oxygène, alimentation, rencontres, richesses minérales et végétales… C'est pour cela qu'il faut commencer toute cérémonie chamanique par une salutation (rituel de reconnaissance). Cette habitude permet aussi au chaman de faire ressurgir à chaque fois sa propension personnelle à l'amour et au remerciement.

Saluer le Ciel, c'est marquer notre lien avec le lieu d'où nous venons, qui nous a abrité avant notre incarnation. Le Ciel, avec sa voûte infinie, est le symbole de l'expansion de notre conscience… Par cet exercice, nous marquons notre respect au principe fondateur du père, mais aussi notre attachement au lien entre les deux entités : on vient du Ciel vers la Terre, on repart de la Terre vers le Ciel, les deux sont liés par notre existence…

## Exercice 29 : Le voyage vers le monde d'en bas

Le tunnel est symboliquement le passage vers un autre monde. Le monde d'en bas est le premier des trois mondes que le chaman visite. Ici, on ne régresse pas, on ne tombe pas dans un puits : on franchit un tunnel comme un pont qui relie deux mondes différents et complémentaires. C'est au bout de ce tunnel que démarre votre aventure vers le monde d'en bas. C'est la première étape de votre voyage chamanique.

**Allongé face au nord, en pleine nature. Vous aurez prévu un enregistrement de tambour à écouter.**

- Demandez à la Terre-mère et au Ciel-père de vous accorder leur énergie.
- Relaxez-vous en respirant calmement pendant quelques minutes. Pensez à un tunnel – l'entrée d'une grotte, un trou dans un arbre immense, un espace derrière une cascade… Une fois calme, répétez mentalement ou chuchotez votre intention, trois fois.

**Exemple :** « Je vais visiter le tunnel et trouver, à l'autre au bout, un autre monde… »

- Mettez la musique en route. Imaginez-vous devant l'entrée du tunnel, rendez votre visualisation le plus réaliste possible en y ajoutant des sensations, des odeurs, des sons…
- Parcourez le tunnel doucement : au bout, vous voyez une lumière. Contournez les obstacles éventuels – pierres, animaux… Laissez venir à vous tout type de vision, d'image, de sentiment… Une présence peut vous accompagner, ne vous en inquiétez pas…

Ne vous arrêtez pas… Respirez calmement… Gardez en tête votre intention de trouver à l'autre bout du tunnel l'expression d'un autre monde, quel qu'il soit.

- Rejoignez la lumière au bout du tunnel. Pénétrez doucement dans ce monde, laissez-vous simplement imprégner de son ambiance, de ses expressions. Ne cherchez pas à analyser, à interpréter dès ce premier voyage. Restez un moment immobile pour observer, nourrir tous vos sens. On peut vous parler, de la musique peut résonner, vous pouvez avoir froid, chaud… Qu'importe…
- Au bout d'un moment, décidez de revenir. Concentrez-vous sur le rythme du tambour, comme si celui qui en jouait était situé au départ du tunnel et rejoignez-le pour ressortir.
- Laissez-vous bercer par le rythme de la musique quelques instants, puis décidez de revenir dans le monde terrestre.
- Prenez votre cahier de voyage et notez les grandes lignes de votre expérience.

## Commentaire

Prenez l'habitude d'investir votre lieu de pouvoir avec ce type de pratique. Réservez un cahier pour relater vos expériences à chacun de vos retours, vous vous servirez de vos ressentis pour « aménager » les visualisations suivantes.

Pour pouvoir facilement pratiquer, un lecteur MP3 avec casque serait idéal, la musique étant une simple ligne de tambour continue, non démonstrative, plutôt lancinante.

Au départ si vous n'arrivez pas à visualiser, ne vous inquiétez pas. Il vous faudra peut-être un peu de temps pour altérer votre conscience ordinaire. Vous pouvez utiliser l'image d'un endroit que vous aimiez dans votre enfance. Vous pouvez aussi pratiquer avant votre sommeil, la vraie visualisation ou la suite de l'histoire pourra alors se faire dans vos rêves !

À un moment de l'exercice, vous allez concrètement vous sentir « décrocher » dans une autre réalité, c'est le but ! Mais n'oubliez jamais de bien revenir, de faire ensuite un recadrage, une reconnexion avec la réalité ordinaire pour être bien entier dans le présent ; vous pouvez, pour cela, vous toucher ou vous pincer, faire des mouvements de gymnastique… l'important est de bien vous sentir dans l'« ici et maintenant ». Vous passerez par des états de mi-endormissement, mi-songe… mais, avec de la pratique, vous y arriverez, donc à renouveler très souvent !

## ★ Exercice 30 : Fort comme un arbre, souple comme un roseau, frais comme une fleur…

Le chaman va à la rencontre de mondes inconnus, mais, nous l'avons vu, il reste ancré dans l'« ici et maintenant », il s'attache à cultiver l'harmonie avec ce qui l'entoure. Les échanges avec les végétaux tiennent, en ce sens, une place de choix dans ses activités.

**Choisissez des vêtements amples, souples… et faciles d'entretien !**

1. Demandez intérieurement à entrer en contact avec un lieu naturel qui vous plaît, puis partez-y en balade. Quand un endroit vous attire, laissez-vous aller à l'observer tranquillement en respirant calmement.

2. Choisissez un arbre, un arbuste ou une simple fleur et restez face à lui (ou elle). Proposez-lui mentalement de pratiquer avec vous quelques instants d'échanges énergétiques et d'informations.

3. Frottez les paumes de vos mains l'une contre l'autre pour les chauffer. Approchez vos mains à quelques centimètres de l'élément végétal choisi et fermez les yeux. Vous allez peut-être ressentir des picotements (généralement avec les arbres) ou un échange frais (avec les fleurs). Restez ouvert, mentalement, à l'échange : vous recevez et vous donnez aussi !

4. Ouvrez les yeux, frottez de nouveau vos paumes et posez-en ensuite une sur le plexus solaire (au-dessus de l'estomac) et l'autre au centre de la poitrine (plexus cardiaque). Ne mentalisez pas. Peut-être allez-vous recevoir une information sous l'aspect d'une image, d'un son, d'une émotion. Remerciez !

5. Passez quelques minutes à observer l'énergie qui se dégage autour de l'élément végétal et qui aura été modifiée à votre contact énergétique.

### Commentaire

Il est important que vous vous sentiez en harmonie avec le végétal choisi pour que l'échange soit fructueux. Ne forcez pas les choses, soyez patient, surtout au début : avec le temps, ces relations deviendront plus immédiates, plus faciles.

L'énergie vitale des végétaux est complémentaire à la nôtre : nous mettre en symbiose avec elle nous est bénéfique tout au long de l'année.

En associant vos ressentis avec le règne végétal, vous renforcerez votre analyse des phénomènes énergétiques environnants. Il faut aussi que vous soyez bien conscient que tous les esprits de la nature se développent autour du monde végétal. Cette première sensibilisation est donc la clef pour découvrir ensuite le monde des forces de vie qui régissent la nature elle-même. Nous verrons cela dans les prochains chapitres.

En tout cas, à chaque saison, pour vous ressourcer, prenez le temps de vous « marier » énergétiquement avec des membres du règne végétal.

## Exercice 31 : Votre animal totem

Dans les voyages intérieurs que vous allez faire, rencontrer cet esprit allié vous aidera à trouver confiance et vous donnera la force ainsi que toutes les facultés connues de l'animal… Celui-ci sera alors votre protecteur et un guide efficace sur votre chemin.

**Fatiguez-vous bien (avec une bonne balade par exemple) afin d'être totalement décontracté ! Munissez-vous de votre lecteur MP3 avec la musique du tambour et d'une couverture.**

1. Délimitez un cercle en marquant les quatre directions. Allongez-vous tête au nord et posez la couverture sur vous. Relaxez-vous. Prenez le temps de respirer quelques instants. Préparez-vous mentalement à aller rencontrer votre animal de pouvoir.

2. Exprimez trois fois mentalement le but de votre voyage : « Je m'en vais rencontrer mon animal de pouvoir ». Fermez les yeux, mettez la musique.

3. Laissez-vous embarquer quelques minutes mentalement par le rythme, puis quittez-le et commencez à imaginer que vous êtes face à votre représentation du tunnel (exercice **n° 29**)…

4. Commencez à pénétrer dans le tunnel en toute confiance et gardez bien dans votre cœur cette demande de rencontre.

5. Quand le tunnel se termine, vous savez que votre animal totem va être là. Il peut être chouette, cheval, chat, chauve-souris… Qu'importe, les vertus qu'il possède

sont aussi celles dont vous aurez besoin pour continuer votre quête. Ce peut être fugace, juste une image… Parfois, vous rencontrerez plusieurs animaux, il sera donc nécessaire d'attendre ou de demander un signe clair pour savoir lequel sera le « vôtre »…

6. Une fois que vous vous êtes acceptés mutuellement, l'animal et vous, observez, si vous le pouvez, ou ressentez, la particularité de cet animal. Vous pouvez même mentalement lui poser toutes sortes de questions.

**Exemple :** « Pourquoi toi ? », « Comment va être mon chemin ? », « Comment te recontacter ? » « As-tu un nom, un message ? »…

7. Quand l'échange devient moins évident, remerciez et repartez en arrière dans le tunnel, l'animal peut d'ailleurs vous accompagner…

8. Prenez quelques instants pour revenir totalement dans la réalité ordinaire. Offrez une pensée d'amour au monde qui vous entoure.

## Commentaire

Renseignez-vous sur les particularités de votre animal totem. Si vous ne l'apercevez pas dès la première séance, répétez cet exercice. L'animal peut aussi se faire connaître à travers vos rêves, un intérêt soudain pour une recherche sur les caractéristiques d'un animal, une attirance pour un documentaire animalier... Il se peut aussi que, au cours de votre vie, vous rencontriez un autre animal totem, qui s'alliera au premier ou le remplacera, selon votre évolution personnelle... rien n'est trop formel dans ce genre de rapport...

Ce qui est sûr, c'est que nous avons tous en nous une part animale et, même si elle ne s'exprime pas forcément chez tous avec la même spontanéité, elle existe. L'animal totem va à la fois renforcer et enrichir cette part de vous-même. Dans le temps, vous pourrez consciemment faire appel à lui quand vous aurez besoin d'être guidé, renforcé ou sécurisé, ici, ou ailleurs... C'est un allié qui accompagnera votre cheminement... Il se fera aussi reconnaître, peu à peu, au gré d'événements qui vous feront mieux comprendre qui vous êtes, des événements qui vous aideront à développer les facultés typiques de cet animal.

## ★ Exercice 32 : L'esprit du lieu

Tout espace naturel dégage, au travers de ses sources, forêts, clairières..., une force de vie. Les chamans appellent cette force « l'esprit du lieu ».

**Mettez-vous en condition en effectuant l'exercice n° 10.**

1. Tracez au sol un cercle, même imaginaire, pour figurer votre territoire ; il vous protégera symboliquement de toute agression extérieure.

2. Asseyez-vous, si possible en tailleur. Remerciez l'axe sacré Terre-Ciel de vous accompagner dans cette démarche. Invoquez la protection de votre animal totem et son enseignement.

3. Rentrez en méditation en respirant calmement, yeux fermés ou mi-ouverts. Adressez-vous à l'esprit du lieu, mentalement ou à haute voix : « Je désire rentrer en contact avec toi, être sous ta protection quand je pratique ici ; donne-moi un signe clair de ton acceptation dans ce lieu… »

5. Par un flash d'image, un bruit inattendu, un parfum, un animal qui apparaît, une sensation rassurante… vous aurez votre réponse. Bien sûr, cela peut paraître subjectif, mais dites-vous que, dans le cas d'un refus, vous serez amené à sursauter, à vous sentir mal à l'aise ! Remerciez en offrant des pensées de respect, de gratitude.

### Commentaire

Tout ici est dans la relation énergétique, au-delà des sens habituels. Vous pouvez éprouver une accélération cardiaque, ressentir une forte chaleur intérieure, sentir des odeurs particulières… Cela dépend de comment l'esprit du lieu se présente à vous et vous touche.

De tout temps, les Celtes, les païens en général, les bâtisseurs de cathédrales…, tous entretenaient ce rapport aux lieux dont le fort tellurisme est toujours associé à l'esprit qui régit chaque emplacement. Aujourd'hui, la bioénergie, la géobiologie en parlent d'une manière plus scientifique et démontrable.

Partout où vous serez amené à pratiquer le chamanisme, vous aurez à bien vous concilier l'appui de ces esprits tutélaires !

## ★ Exercice 33 : L'eau de la clairvoyance

L'eau est un principe de vie sacré pour tous les chamans. Demander l'aide d'un esprit de l'eau aide à la clairvoyance et renforce la connaissance des autres mondes.

**Repérez un endroit où l'eau vous apparaît comme l'élément fondamental : cascade, fleuve, lac… Munissez-vous d'un miroir.**

1. Préparez-vous énergétiquement : inspirez très lentement, puis soufflez en plusieurs fois (comme un train à

vapeur qui démarre) en vous balançant d'un pied sur l'autre pendant quelques minutes.

2. Faites appel à la protection de la Terre et du Ciel et adressez-vous à l'esprit du lieu : « Fais-toi connaître, aide-moi à prolonger ma vue, à être sensible aux autres mondes… »

3. Posez le miroir sous l'eau à quelques centimètres de vous… Ne le fixez pas, gardez le regard posé, un peu dans le vague, sur l'ensemble du miroir sans vous tendre visuellement. À un moment, vous allez voir des reflets lumineux, parfois une forme, le contour d'un visage… N'ayez pas peur, laissez ce langage se manifester de manière tangible. Une impression de chaud ou de froid, de picotement, va venir en vous ; laissez les informations passer, sans chercher à les interpréter.

4. Remerciez en offrant des fleurs, une pierre, des mots de gratitude, puis faites cadeau de votre expérience toute nouvelle à l'ensemble de l'univers.

### Commentaire

Ces formes énergétiques non visibles nous entourent en permanence. Pour un chaman, une fois qu'il s'est connecté avec elles, elles deviennent des alliées sur son chemin. Les esprits de l'eau sont une aide très puissante pour travailler sur l'inconscient et la vision à distance. Éléments de vie, il est donc important de bien les connaître et d'échanger avec eux.

80 % du corps humain est composé d'eau. L'eau purifie ; prendre des bains dans le lieu où s'est effectué le travail est donc aussi une manière de s'alléger de ses émotions ou pensées parasites.

Cet exercice doit toujours se faire dans le respect.

## ★ Exercice 34 : Les pierres du chaman

Le cristal résume toutes les possibilités minérales (c'est la seule pierre qui peut être totalement programmée, il se comporte comme une éponge !). Apprenez à bien l'utiliser pour qu'il vous soutienne dans le développement de votre système énergétique.

**Procurez-vous un cristal et préparez-le[1].**

1. Placez votre pierre dans votre paume gauche à hauteur du centre cardiaque. Fermez les yeux et imaginez que votre cristal est comme une fleur fermée. Ouvrez-en

1. Commencez par purifier votre cristal, soit en l'enterrant plusieurs nuits, soit en le laissant simplement dans un bac d'eau sans lumière (recouvrez le bac). Puis, ressortez-le et essuyez-le. Placez-le face au soleil (même sans soleil visible) et laissez-le se recharger à ses rayons toute une journée.

symboliquement chaque pétale Puis concentrez-vous et envoyez au centre du cristal ouvert une pensée de force : « Je te donne la force de me protéger, tu prends de la puissance, de l'énergie ». Demandez à vos alliés de donner eux aussi un pouvoir particulier à cette pierre.

2 Refermez chaque pétale du cristal. Placez-le au niveau de votre front et imaginez que vous amplifiez encore son énergie par un rayon partant de votre crâne. Puis posez-le devant vous, et frottez les paumes de vos mains. Placez-les juste à un centimètre de chaque côté de la pierre et faites des mouvements d'aller-retour comme si vous aidiez à se démultiplier encore l'énergie de la pierre.

3 Posez cette pierre à un endroit de votre habitation où personne ne pourra la déplacer. Ensuite, dans la journée, ou avant de dormir, où que vous soyez, concentrez-vous quelques instants, à distance, sur la qualité que vous avez conférée à la pierre : « Je te demande d'envoyer ton énergie sur moi, de me remplir de cette force, de me permettre d'assumer ce que j'ai à faire… ». Vous allez alors sentir vos centres énergétiques se remplir, l'énergie circuler en vous.

## Commentaire

Intéressez-vous aux pierres en général et à leurs vertus si différentes les unes des autres, elles recèlent une très grande richesse.

Le cristal peut se programmer aussi pour aider à bien mémoriser, à provoquer des rêves (le mettre alors sous l'oreiller).

Ici, cette pierre vous aidera à vous donner confiance pendant une cérémonie, une découverte de vos alliés, un voyage chamanique. La taille n'est pas importante, c'est l'intention qui l'est : la programmation mentale lui conférera les facultés attendues. Vous pouvez aussi l'avoir en poche lors de rencontres, de rendez-vous…

Mais, attention : toujours l'utiliser à bon escient ! Le chaman travaille le respect et le non-jugement, pas l'influence sur le monde vivant !

N'oubliez pas qu'une pierre a toujours besoin d'être rechargée ou nettoyée, donc apprenez à sentir quand elle est moins efficace : c'est un signe.

## CHAPITRE 5

# L'APPRENTISSAGE DANS LES MONDES CHAMANIQUES

Le voyage chamanique constitue la base du savoir des chamans. Il ne s'agit pas ici d'expérimenter simplement des états non ordinaires de conscience, mais d'apprendre à être actif, pour soi ou pour aider les autres. N'oubliez pas que le chaman est souvent le guérisseur attitré d'un lieu, d'une communauté. On fait appel à lui pour ses connaissances des origines de certains maux, mais aussi pour mieux définir les évolutions possibles de ces maux. Plus le chaman est instruit, plus ses solutions sont applicables. Donc, pour s'instruire, tester, refaire, appliquer… le chaman s'astreint à bien développer ses ressources.

Dans ce chapitre, votre investissement personnel va être de plus en plus important et d'une manière encore plus directe ! Il est temps pour vous d'aller quérir un tambour[1] « qui vous parle », afin que le rythme donné soit à chaque fois celui qui représente le mieux votre battement personnel, votre fréquence cardiaque et crânienne idéale pour pro-

1. Le tambour et le hochet sont traditionnellement fabriqués par le chaman lui-même. Il existe des stages qui permettent d'apprendre à les réaliser, mais vous en trouverez aisément dans des magasins spécialisés. Ce qui est important, que ce soit pour l'acquisition ou pour la réalisation de ces instruments, c'est de se laisser guider par ses alliés, guides ou animal totem.

gresser ! Faites de même pour le hochet, complément naturel du tambour. Pour cela, laissez-vous encore guider par les signes, les demandes intérieures puissantes…

## Exercice 35 : La roue de médecine*

Pour les Amérindiens, la « médecine » n'est pas seulement affaire de santé : par ce terme, en effet, ils désignent plutôt l'équilibre, bien sûr physique, mais aussi psychique et spirituel, toujours en lien avec la nature et ses éléments.

**Complétez le dessin ci-dessous : inscrivez chacune de vos réalisations personnelles dans la direction dans laquelle vous souhaitez l'amener.**

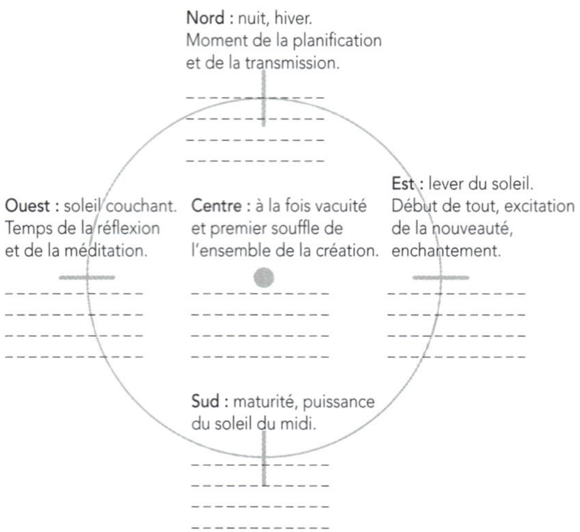

**Exemples de réalisations :** amour et vie conjugale ; amitié et relations ; spiritualité ; vie familiale ; santé physique et vitalité ; état émotionnel (joie, tristesse…) ; connaissances, savoir, sagesse…

### Commentaire

Cette roue de médecine, traditionnellement tracée au sol avec des pierres, est, un peu comme un mandala, une représentation symbolique de votre vie intérieure et de la manière dont vous pouvez faire évoluer vos facettes personnelles. Avec elle, vous faites le point, vous mettez en ordre les étapes de votre chemin, vous ciblez les obstacles possibles et entrevoyez leur résolution, donc vous faites des choix de vie ! C'est une forme de *Mind Mapping* (représentation mentale), mais vous choisissez de vous référer à cinq mondes intérieurs que vous connecterez ensuite dans vos transes.

Cet exercice, une fois la pratique comprise, se fait directement en relation avec son animal totem dans son cercle de pouvoir. Les directions amèneront elles aussi leurs alliés et leurs réponses ensuite.

## ★ Exercice 36 : Le monde du milieu

Le voyage dans le monde du milieu est un voyage dans la réalité non ordinaire d'un endroit qui existe dans la réalité ordinaire. Ce décalage volontaire vous en apprendra beaucoup sur ce que vous vivez au quotidien sur Terre ! Le monde du milieu est le deuxième voyage qu'effectue le chaman.

**Munissez-vous de votre tambour et pensez (c'est un exemple) au rapport conflictuel que vous avez avec une personne donnée.**

1. Asseyez-vous au centre de votre cercle de pouvoir en direction de l'ouest. Commencez à tambouriner sur un rythme lent, répétitif, à quatre temps, en accentuant le 1er temps à chaque fois, comme si vous relanciez le rythme. Laissez votre corps se balancer en avant ou sur les côtés, laissez-le s'exprimer.

2. Demandez à votre animal totem de vous accompagner. Formulez clairement votre demande : « Je désire rencontrer telle personne et connaître les sources du conflit… » Répétez cela comme un mantra* en fermant les yeux.

3. Laissez le balancement s'amplifier. À un moment, vous allez vous sentir proche de la personne que vous voulez mieux connaître. Pour certains, cela prendra la forme d'une scène complète comportant une explication claire de la provenance du conflit et une solution. Pour d'autres, cela sera d'abord une scène de la nature apaisante (cours d'eau, vent dans les arbres…) Parfois un animal symbolique (serpent, renard) peut apporter une clarification. Certains entendront ou devineront des phrases, trouveront un sens au lieu qui pourra se construire dans leur esprit… Laissez-vous simplement imprégner par ce qui se déroule, sans analyser.

4 Revenez quand vous sentez que plus rien ne se passe. Notez sur votre cahier le déroulement du voyage.

## Commentaire

Pour cette première fois, vous vous êtes assis au centre de votre cercle de pouvoir en direction de l'ouest. Plus tard, vous vous assiérez selon votre instinct.

Cet exercice peut s'appliquer à tout thème associé à votre quotidien : comprendre une personne proche, connaître mieux l'énergie de votre lieu d'habitation…

Vous ne vous retrouverez que rarement face à une explication claire, mais ressentirez plutôt une énergie qui vous aidera à délier la situation les jours suivant le voyage. Il est important de solliciter vos alliés ; ceux des personnes impliquées dans le contexte qui vous préoccupe seront aussi mêlés à votre vision.

Le monde du milieu aide à clarifier beaucoup de situations terrestres. En cela, le chaman peut aider ses semblables quand ils se sentent perdus.

De retour dans votre vie terrestre, vous aurez pris du recul quant aux émotions ou événements qui vous dépassaient. Vous aurez calmé vos angoisses ou fluidifié un rapport. Vous pouvez d'ailleurs utiliser cet exercice pour tout simplement aller vous réfugier dans un endroit qui apaisera votre colère, un espace printanier afin de vous redonner de la joie…

## Exercice 37 : Le monde d'en haut

Le monde d'en haut est le lieu le plus élevé de la hiérarchie spirituelle. C'est symboliquement le monde de vos protecteurs célestes, mais aussi de votre lignée d'esprit avant votre incarnation. Lié au Soleil, il vous éclaire sur votre parcours. Après les excursions dans le monde d'en bas et le monde du milieu, le monde d'en haut est le troisième et dernier volet du voyage chamanique.

**Munissez-vous de votre tambour et asseyez-vous au centre de votre cercle de pouvoir en direction de l'est.**

- Commencez à tambouriner sur un rythme lent, répétitif, à quatre temps, en accentuant le 1er temps à chaque fois, comme si vous relanciez le rythme. Laissez votre corps se balancer en avant ou sur les côtés, laissez-le s'exprimer.
- Invoquez votre animal totem. Demandez-lui distinctement de vous accompagner dans le monde d'en haut pour vous apporter protection et énergie. Répétez machinalement votre invocation, jusqu'à l'autohypnose ; ajoutez-y les remerciements à la Terre, au Ciel, aux différents esprits. Cela consolidera votre aptitude au voyage.
- Si vous êtes sensible au monde des oiseaux, vous allez vous sentir vous envoler, partir comme dans un songe, en conscience altérée*. Si vous avez fait un feu, laissez-vous emporter par les flammes pour monter, suivez la fumée, vous pouvez grimper le long d'un arbre vers le ciel…
- Laissez venir à vous les informations : une vision complète ou onirique, une personne, une forme lumineuse… laissez-vous guider. Ressentez l'énergie du lieu.

- Ensuite, revenez en émettant la pensée de vouloir bien réintégrer votre corps et le monde terrestre.
- Remerciez, faites offrande à l'univers ; si possible, allez marcher pour prolonger l'enracinement des sensations vécues.

### Commentaire

À force de pratique, vous aurez peut-être l'impression de vous dédoubler (éloignement de soi).

À chaque voyage, notez vos impressions, ainsi vous verrez les détails qui reviennent et qui peuvent aussi constituer une somme d'informations sur vous-même et sur ce qui vous a été transmis. C'est dans le monde d'en haut que vous pouvez correspondre avec des guides évolués, demander des détails sur votre avenir. Cette technique, nous la pratiquons mécaniquement chaque nuit pour nous ressourcer : c'est pour cela que dormir est si important, le corps dort tandis que le corps travaille et se recharge…

Cet exercice vous permet de travailler n'importe quand, avec votre corps de rêve, et surtout consciemment.

## Exercice 38 : Développer ses pouvoirs

Votre animal totem, à travers ses caractéristiques, vous révèle vos propres pouvoirs. Vous allez, dès maintenant, les développer…

**Placez sur votre cercle de pouvoir : une pierre jaunâtre à l'est, une rougeâtre au sud, une noire à l'ouest, une blanche au nord, une verte au centre.**[1]

1. Au centre de votre cercle de pouvoir, fermez les yeux. Faites dix respirations aux inspirations lentes et amples.

2. Sentez d'abord que vous êtes comme un arbre : des racines profondes vous relient au centre de la Terre-mère.

3. Appelez mentalement votre animal totem, imaginez-le ou voyez-le concrètement au-dessus de vous. Sentez que, du centre de votre front, un fil argenté vous relie au cœur de votre animal guide. Sentez-vous connecté.

4. Maintenant, demandez-lui de vous envoyer tout ce dont vous avez besoin, soyez clair et précis !

**Exemple :** « Envoie-moi de la clarté, de la force… »

1. Vous pouvez trouver ces pierres au hasard de vos pérégrinations ou chez un minéraliste, peu importe.

5 Inspirez profondément. Vous recevez tout ce que vous avez demandé : sentez comme cela pénètre à l'intérieur de chacune de vos cellules.

6 Remerciez ensuite, et offrez les bienfaits de cette pratique.

**Commentaire**

Cette visualisation vous met en contact avec vos propres ressources tout en permettant leur renforcement par votre intention puissante de les décupler. Mais elle vous permet aussi de les utiliser dans le monde terrestre. C'est en ce sens que cette méditation de pouvoir doit être régulièrement pratiquée. Vous serez d'autant plus relié aux facultés propres à votre animal protecteur et guide et renforcerez votre lien avec lui. N'hésitez pas à pratiquer avant de dormir, le monde des rêves va aussi agir dans ce domaine…

## Exercice 39 : La danse du hochet

Lorsque vous dansez à l'aide du hochet, cela signifie que vous désirez transcender la conscience ordinaire. Avec le support d'un tambour (ici, il sera soit enregistré soit joué par une autre personne), cette danse va associer mouvements et respirations afin de développer la vision non ordinaire et mettre en avant votre part instinctive animale.

**Si vous avez la possibilité de danser autour d'un feu, parfait, sinon prenez le contour de votre cercle de pouvoir pour tourner dans le sens qui vous paraîtra naturel.**

1. Après avoir adressé à votre animal totem la demande d'être accompagné pendant cette transe, le hochet à la main, commencez à taper du pied sur place, puis à piétiner pour rentrer dans le rythme du tambour. Si vous n'avez que le hochet musical, donnez le rythme avec celui-ci, puis adaptez votre mouvement corporel.

2. Commencez à tourner doucement ; l'important est qu'au départ, les plantes de vos pieds soient bien en contact avec le sol, que votre corps, par son poids et ses mouvements, vous enracine à la terre.

3. Laissez sortir les sons, les incantations naturelles qui vont venir spontanément et tournez en levant les coudes afin de donner une dynamique corporelle encore plus grande à votre danse. À un moment, vous pouvez être amené à fermer les yeux, laissez faire. Des images, des sensations, des visages peuvent venir communiquer des informations. Pour certains, ce phénomène s'opérera même yeux ouverts ! Vous pouvez aussi vous sentir décoller de votre corps, être ailleurs, avec d'autres personnes, d'autres types d'énergies…

4. Revenez en donnant quatre grands coups de hochet, qui signifieront que vous réintégrez totalement l'« ici et maintenant ». Offrez les bienfaits de cette pratique à tout l'univers.

### Commentaire

La transe pratiquée avec le hochet relie le monde de la Terre à celui du Ciel. Encore une fois, à la manière d'un arbre, cela assure que votre énergie reste bien en place, se développe harmonieusement du bas vers le haut. C'est par un rythme régulier, des mouvements répétitifs, que l'âme s'échappe du corps pour rencontrer ses visions, des informations utiles pour sa vie terrestre.

Le hochet, avec son son roulant, « anesthésie » le fonctionnement habituel du cerveau et oblige le mental à lâcher prise* en une sorte d'autohypnose.

Vous pouvez énormément transpirer (prévoyez de l'eau à boire ensuite) car tous vos circuits énergétiques (méridiens et chakras) vont travailler ! C'est aussi une manière très simple de se défaire de son stress et de revenir à une harmonie corps et esprit.

## ★ Exercice 40 : Le rêve lucide

Vous passez plus d'un tiers de votre vie à dormir. Imaginez tout ce que vous pourriez apprendre en utilisant une partie de ce temps consciemment ! On appelle cette technique le rêve lucide.

**Installez-vous dans un endroit de calme et de paix, chez vous, ou en pleine nature, allongé.**

1. Les yeux ouverts, les bras le long du corps, respirez lentement en faisant des expirations plus longues que vos inspirations, pendant au moins une minute. Puis, laissez votre corps prendre son rythme respiratoire.

2. Revenez une minute à la respiration lente en prenant votre pouls, l'index gauche posé sur le point situé juste avant le poignet droit. « Calquez » en toute conscience votre respiration sur les battements de votre cœur, concentrez-vous dessus un moment, puis laissez de nouveau le corps décider de son cycle respiratoire.

3. Suivez le dessin d'un huit horizontal (le 8 de l'infini) sur le plafond avec vos deux yeux dans un sens puis dans l'autre, plusieurs fois.

4. Recommencez, yeux fermés, les étapes 1 et 2 puis dites intérieurement, avec une puissante intention : « Je veux

me souvenir de mes rêves, pouvoir les noter ensuite... » Répétez cette phrase plusieurs fois.

5. Maintenant posez la paume d'une main sur votre ventre, et concentrez-vous sur le fait qu'à l'inspiration, le ventre se soulève, à l'expiration, il redescend. Faites cela jusqu'à vous trouver dans une légère somnolence. Si vous sentez que vous tombez dans le sommeil, revenez à votre ventre.

6. Les premiers songes vont venir. Tentez de les laisser « vivre » en restant éveillé. Il est aussi possible que vous vous endormiez, brièvement ou non, mais alors vos rêves seront très clairs et faciles à mémoriser.

7. Notez vos rêves soit après la légère somnolence, soit le lendemain matin. Au fil du temps, comparez les détails qui reviennent, ou les significations récurrentes.

### Commentaire

Il peut éventuellement être nécessaire de créer derrière vos yeux un écran mental, un écran de cinéma blanc, qui servira de « cadre » à vos rêves, comme un repère auquel vous pourrez vous référer pour vous aider à vous les remémorer.

La légère somnolence est l'état alpha du cerveau (entre 8 et 13 hertz). Cet état précède l'endormissement léger qu'est la phase « théta » (entre 4 et 7 hertz) qui correspond à un état d'hypnose, de ralenti cérébral, un état de méditation apaisant.

Le but est ici de privilégier une certaine conscience des phénomènes pendant ces deux phases. Les respirations vont vous aider : votre mental va lâcher sa main mise et vous aurez peu à peu accès à votre inconscient qui manifestera des informations via les songes et les rêves, des scènes criantes de vérité ! Ces informations, il vous faut les noter car elles ne sont pas toujours claires dans leur signification. Ainsi, en pratiquant régulièrement, vous allez instinctivement comprendre et former votre propre langage du rêve, parfois même y intervenir pour en changer le contenu. Vous pouvez aussi très bien ressentir que des informations semblent vous être données par d'autres formes de vie : laissez faire, faites confiance…

Cependant, n'oubliez pas que le sommeil profond est absolument nécessaire, lui aussi, à votre équilibre !

## ★ Exercice 41 : L'art de rêver

L'art de rêver permet de développer son attention afin d'intervenir dans ses rêves et d'interagir sur ses différents plans grâce une conscience accrue et modifiée. C'est la suite logique du rêve lucide.

**Trouvez un endroit de calme et de paix, chez vous, ou en pleine nature. Allongez-vous.**

1. Respirez tranquillement, avec des expirations longues, pendant plusieurs minutes, tout en focalisant votre attention sur l'air qui rentre et sort par le nez.

2. Imaginez qu'à l'inspiration, une belle énergie parcourt tout votre corps de la tête au pied (elle ressort un peu par les pieds) et que, à l'expiration, elle repart, suit votre colonne vertébrale en direction de la tête qu'elle inonde. Vous équilibrez ainsi chakras et méridiens.

3. Peu à peu, votre corps se détend totalement. Yeux fermés, laissez une scène se créer. Tentez, dans cette scène, de lier réalité et rêve éveillé. Pour cela, focalisez votre attention sur un détail récurrent, un objet, une partie de votre corps, quitte à créer ce détail. Vous resterez ainsi en éveil dans votre rêve : c'est la première intention[1] du rêve.

4. Une fois que vous vous sentez bien présent dans la scène, commencez à vous y déplacer : la scène va se modifier, soit naturellement, soit parce que vous le désirez. C'est la deuxième intention : la possibilité de créer ses centres de connaissances. Certains vont créer des « aires de repos », des points ressources, d'autres des rencontres avec différentes formes d'énergie – esprits, forces de la

1. Par « intention », on entend ici volonté d'une construction possible.

nature, végétaux, d'autres encore, des scènes pour comprendre leurs relations avec autrui…

5. Revenez dans votre conscience ordinaire par la respiration, avec des inspirations plus longues que les expirations.

## Commentaire

Les premières fois, choisissez plutôt de programmer vos séances hors période d'endormissement du soir. D'une part, pour ne pas trop perturber votre rythme de récupération, d'autre part, parce que la fatigue du soir voilerait sensiblement vos visions. C'est un entraînement quotidien, les résultats ne se feront pas sans la répétition !

Quand vous maîtriserez le processus, accompagné de vos alliés, vous accéderez à des mondes sensibles totalement nouveaux. Dans ces mondes, vous changerez de point de vue sur tous les phénomènes.

Pour vous aider dans votre visualisation, vous pouvez créer des tourbillons d'énergie afin de vous charger d'une forme nourricière riche en lumière. Pour certains, ce sera une cascade, pour d'autres, un rideau scintillant, des étoiles ou des soleils…

L'important est de bien comprendre que vous créez des bulles d'événements où vont venir se mêler réalité et rêves ; votre inconscient lâchera alors beaucoup d'informations. Des mondes de connaissances qui dépasseront la raison ou l'analyse se manifesteront. Soyez comme l'apprenti du nouveau monde : avancez lentement, faites confiance. Tout ce qui est à l'origine de vos connaissances – archétypes, enseignement, culture – va s'évaporer et des mondes de vérités différentes vont apparaître. Ces vérités seront, elles aussi, temporaires, car ces mondes sont en constante évolution expansive…

Par ailleurs, plus vous serez attentif, dans votre quotidien, à ne pas perdre d'énergie dans des choses futiles ou inutiles – jugement, paresse, égoïsme… – plus vous aurez accès à des mondes de conscience légers et lumineux, car ce que vous créez ou laissez se créer va dépendre aussi de l'énergie disponible en vous !

## CHAPITRE 6

# RITES ET OBJETS RITUELS

On l'a vu, le chaman, pour sa quête, s'appuie sur des objets (tambour, hochet...) D'aucun pourrait croire qu'il n'y a là que folklore, que toutes ces choses, plumes et perles, ne sont que gris-gris destinés à amuser la galerie. Il n'en est rien. Si l'on peut douter, en effet, qu'un objet, inanimé, ait un quelconque pouvoir en lui-même, il paraîtra vite évident à quiconque pratique le chamanisme que le lien qu'il permet d'établir avec la nature et le monde non ordinaire sous-jacent est très puissant.

De même, les rituels permettent d'asseoir les pratiques de celui qui veut connaître tout en utilisant les forces énergétiques qu'offre la nature...

## Exercice 42 : Les plumes du Soleil

Les plumes sont considérées par les chamans comme des rayons de soleil offerts à l'homme. Elles servent à travailler finement sur les forces qui nous entourent, à nous dégager des mauvaises énergies aussi ! Voici comment les choisir pour vos pratiques.

**Champ, forêt, ou même ville, partout où se trouvent des plumes !**

– Respirez profondément et demandez avec concentration : « Je désire trouver les plumes nécessaires à ma réalisation… »

– Laissez-vous guider, ne préparez pas spécialement un chemin à l'avance. Chaque fois que vous trouvez une plume qui vous attire, prenez-la, et, surtout, remerciez l'oiseau qui vous l'aura offerte. Prenez bien conscience que l'oiseau volant dans le ciel est plus proche du Soleil que vous, que c'est un intermédiaire précieux pour vous et votre évolution. Remerciez-le encore.

– Continuez tant que cela vous semble nécessaire.

– Vous pouvez déposer cette ou ces plume(s) sur votre autel de médecine* (s'il est déjà construit, voir exercice **n° 47**) ou l'envelopper pour la protéger dans une pochette en soie.

### Commentaire

Ces rayons de soleil offerts par les oiseaux peuvent vous être utiles de multiples façons.

Symbole de l'air et du feu, la plume sera fixée aussi bien sur votre bâton de chaman, que sur votre attrapeur de rêve… C'est vous qui lui conférez son importance. Quand vous pratiquez la purification par fumigation (exercice **n° 43**), la plume peut servir à éventer la fumée sur vous, ou dans la pièce, pour vous dégager d'une énergie que vous sentez trop pesante autour de vous, à la manière d'un coup de balai. Plantée dans la terre de votre cercle de pouvoir, elle peut servir à marquer une direction, un point cardinal.

Bien sûr, prenez le temps de savoir de quel oiseau chaque plume provient, et cherchez le symbole chamanique de cet oiseau. Cette information vous est due…

## ★ Exercice 43 : La fumigation

La purification par la fumée nettoie les corps subtils – auras, chakras. Elle clarifie le mental et apaise l'âme.

**Trouvez des feuilles de sauge (au marché ou en pleine nature) et un peu de lavande. Munissez-vous d'un pot de terre ou, à défaut, d'une simple casserole et d'allumettes.**

1. Dans votre récipient, placez le mélange d'herbes et mettez-y le feu. Si le mélange brûle mal, vous pouvez placer dessous un petit peu de coton, que vous enflammerez en premier. Soufflez pour provoquer de la fumée.

2. Éventez la fumée en la passant d'abord sur votre poitrine puis sur votre crâne. Faites le tour de votre corps, d'abord vers le bas en passant bien sous chaque voûte plantaire, puis jusque devant votre visage.

3. Répartissez la fumée dans tout l'espace autour de vous en marquant bien chaque point cardinal. Si vous êtes en intérieur, profitez-en pour en passer dans chaque coin de la pièce (ce sont là les passages invisibles pour certaines formes énergétiques).

4. Restez ensuite à respirer doucement et laissez cet entretien énergétique vous apporter paix et sérénité. Remerciez.

## Commentaire

Consciemment ou non, vous êtes perméable à toutes les énergies que dégage chaque forme de vie, d'événement… Comme un récepteur qui fait le tri, vous allez, selon votre état physique ou émotionnel, laissez passer ces informations sans problème ou « vous charger » de ces formes de miasmes énergétiques, comme une éponge !

La fumigation va vous nettoyer et restaurer votre énergie vitale. Ainsi, il est recommandé de la pratiquer dans toutes les pièces de votre habitation, en particulier dans votre chambre où, par le sommeil et les voyages que vous effectuez naturellement chaque nuit, vous « ramenez » des bagages non nécessaires !

## ★ Exercice 44 : La tente de sudation

Le rituel de la tente de sudation est un rituel traditionnel de purification dans lequel le feu et l'obscurité aident au passage en conscience non ordinaire.

**Rendez-vous dans un sauna, avec un mélange de sauge et de gingembre (même en poudre).**

1. Faites un premier passage dans la chaleur, puis allez vous reposer et éventuellement vous rafraîchir sous la douche.

2. Revenez et faites brûler votre mélange de plantes sur les pierres chaudes.

3. Tant que le mélange provoque de la fumée, concentrez-vous sur l'envie que vous avez de vous connecter à vos alliés les plus proches, les plus sensibles. Demandez leur aide pour purifier votre âme de vos préoccupations.

N'hésitez pas à vous balancer légèrement en avant ou sur les côtés. Laissez, s'il y en a, les mots sortir de votre bouche. Sentez qu'avec la sueur que votre corps évacue, vos émotions, vos tristesses, vos frustrations disparaissent.

4. Allez ensuite vous laver à l'eau tiède en ayant pleinement conscience que vous nettoyez les miasmes issus de votre travail énergétique. Remerciez.

## Commentaire

Bien sûr, un simple sauna ne constitue pas une tente de sudation dans laquelle tout un rituel complémentaire se pratique en groupe, mais cela vous apportera une très forte approche purificatrice. De même, traditionnellement, la « douche » est prise froide, mais cela peut créer un choc… En tout état de cause, en cas de doute sur votre aptitude physique à pratiquer le sauna, n'hésitez pas à consulter un médecin au préalable.

Pratiquez toujours en deux tranches progressives : une première tranche de 7 minutes, une pause repos (avec ou sans douche), puis 10 minutes, une pause et une douche. Après avoir bien habitué votre corps, à la deuxième séance, passez à 10 minutes, pause détente, puis 20 minutes de chaleur. Attention, les températures dans un sauna montent beaucoup plus haut que dans une tente de sudation, prenez vos précautions !

Utiliser un sauna de cette manière va vous apporter de grandes satisfactions. Il faut voir cela comme une cérémonie spirituelle : la sauge et le gingembre vous permettant d'ouvrir sensiblement votre troisième œil, le balancement apportant une transe hypnotique qui libérera votre mental des pensées parasites. Tout est simple et direct. La sueur est reliée aux émotions que vous dégagez, vous le sentirez vite ; l'eau de la douche, ensuite, permet de bien masser les pores de la peau qui se rétractent et assure une bonne détente musculaire et nerveuse. Vous pouvez éventuellement vous sentir triste ensuite, ça passera, ou légèrement dynamique.

À faire au moins une fois par mois.

# ★ Exercice 45 : L'attrapeur de rêves

L'attrapeur de rêve sert à capturer les songes qui circulent dans votre chambre. C'est une représentation symbolique de votre demande de bien comprendre la nature du phénomène des songes.

**Procurez-vous un petit cerceau fin ou un anneau large, du fil ou une cordelette fine, des plumes d'oiseau, une perle trouée et placez-vous dans votre cercle de pouvoir tracé au sol.**

1. Fixez un premier fil sur le pourtour intérieur de votre anneau par au moins sept points, comme sur le schéma ci-dessous :

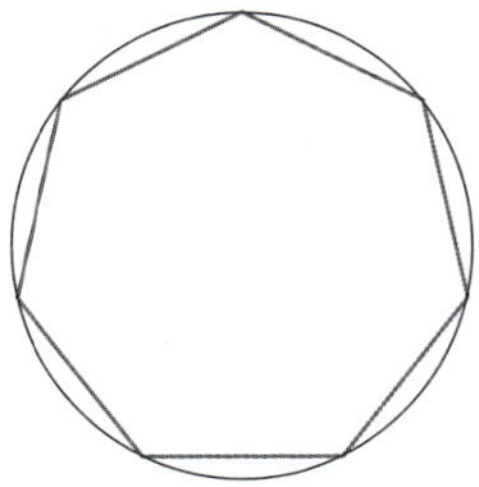

2. Continuer en créant un deuxième « cercle » avec un deuxième fil fixé au premier.

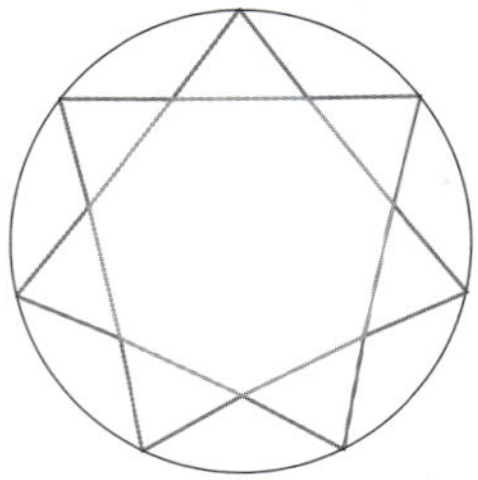

3 Continuez votre « tissage » qui doit ressembler à une toile d'araignée.

4 Quand vous arrivez vers le centre, ajoutez une ou plusieurs perles, les décorations symbolisant votre pouvoir créatif dans le rêve.

5 Terminez en attachant vos plumes et en les « orientant » vers le bas.

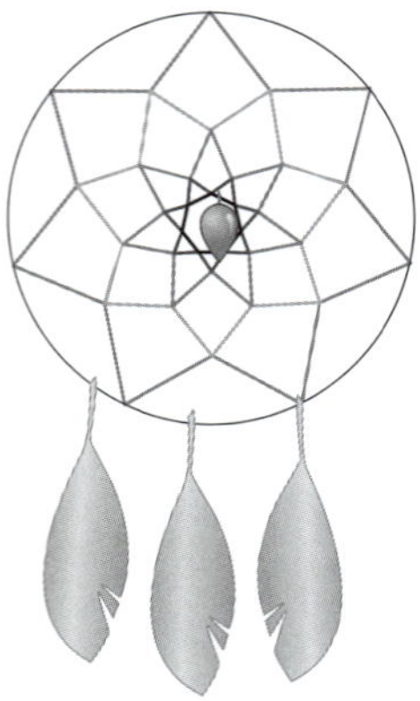

6 Accrochez votre attrapeur de rêves dans votre chambre, plumes dirigées vers votre lit, et à proximité de la fenêtre.

**Commentaire**

Les bons rêves traverseront le filet et rejoindront le dormeur par le biais des plumes, les mauvais seront retenus par le filet et disparaîtront au petit matin, dilués par les rayons du soleil.

Cette construction sert aussi à ancrer l'idée de voyage, la volonté de bien capter les informations données par les autres mondes, comme une antenne relais branchée sur les bonnes fréquences de ses rêves. C'est aussi une manière d'affirmer que le monde du sommeil est un monde qui fourmille de vie, de rencontres et donc de possibilités d'évolution. Pour les Amérindiens, par exemple, c'est l'affirmation d'une vie après la vie terrestre et d'une possibilité d'envol et de connaissances hors du corps pendant le sommeil.

## ★ Exercice 46 : Le bâton de parole

Seule la personne qui tient le bâton de parole a le droit de parler. Ensuite, celui qui a parlé le passe à son voisin de gauche ou à celui qu'il a besoin d'entendre. Ce bâton sert à harmoniser les échanges dans l'environnement proche du chaman.

**Ramassez un bout de bois qui « vous parle » lors d'une balade et choisissez des décorations (ruban, perles, fil de couleur...).**

1. Tenez bien le bout de bois dans vos deux mains et respirez profondément en vous concentrant sur l'idée de communication respectueuse pendant quelques instants.

2. Enroulez un côté du bâton (celui qui sera tenu par le parleur) avec du ruban de couleur, attachez-y votre fil, que vous garnirez de perles ou autres décorations. Essayez d'y adjoindre quelques éléments sonores : coquilles de noix, pierres…

3. Remerciez et offrez votre gratitude. Prenez l'engagement de vous servir aussi de ce bâton comme d'un bâton de paix entre vous et les autres.

## Commentaire

Ce bâton de parole doit correspondre à l'envie bienveillante que vous avez de communiquer, d'être compris et entendu, puis d'accepter aussi d'entendre le discours de l'autre avec respect. Les décorations que vous choisirez doivent symboliser, pour vous, la beauté de la parole.

Utilisez aussi votre bâton après avoir fait un voyage chamanique, car il peut alors devenir le médiateur d'informations que vous aurez récoltées dans un des trois mondes (bas, milieu ou haut), informations que vous pourrez transmettre à un proche. Pour le chaman, l'harmonie dans le cercle de ses proches est à privilégier, car c'est un moyen de s'enraciner en ne négligeant pas ses obligations.

Ce petit rituel fonctionne aussi très bien dans les périodes orageuses avec des enfants ! Il peut permettre de faire respecter la hiérarchie, la personne morale que représente le chaman devenant le médiateur de solutions pacifiques aux maux et problèmes des humains.

## ★ Exercice 47 : L'autel de médecine*

Traditionnellement, l'autel de médecine était installé sur une peau d'animal ou un tissu en lin posé au sol. Cependant, il n'y a pas de règle stricte concernant sa forme : la seule obligation, c'est qu'il doit être absolument personnel !

**Choisissez un endroit qui n'appartient qu'à vous, à l'intérieur ou à l'extérieur.**

1. Énumérez les problèmes récurrents que vous voulez résoudre. Trouvez quel objet pourrait symboliser chacun de ces problèmes et notez-le.

**Exemple :** la peur de manquer (argent, alimentation) sera symbolisée par une assiette.

| Problème | Objet symbolique |
| --- | --- |
| | |

2 Notez maintenant toutes les choses que vous désirez atteindre sur votre chemin et les objets correspondant qui pourraient les symboliser.

**Exemple :** développer en vous un amour plus altruiste peut être représenté par l'effigie ou la statuette d'une référence, une feuille de lotus…

| Objectif | Objet symbolique |
| --- | --- |
| | |

3 Procurez-vous les objets dont vous avez fait la liste aux questions 1 et 2 et positionnez-les à votre convenance.

4 Asseyez-vous pour méditer en silence devant cet autel personnel. Imprégnez-vous simplement de cette intention d'évolution, de la volonté de faire avancer votre chemin intérieur.

## Commentaire

N'hésitez pas à enlever, changer, augmenter votre autel en fonction de votre évolution et des changements dans votre vie.

Cet autel est un moyen simple et concret d'associer votre envie d'avancer sur le chemin et l'obligation d'alléger vos pas afin de faciliter votre réalisation. C'est une représentation symbolique de vos possibilités de guérison. D'une certaine façon, il vous permet de garder vos problèmes « sous le nez » tant qu'ils ne sont pas résolus !

Cet autel constitue un excellent lieu pour pratiquer le rêve lucide (vous vous allongerez alors devant).

C'est un espace qui peut aussi servir (quand on vous le demande) de médiateur pour aider une autre personne.

Faites le point régulièrement, surtout aux équinoxes et solstices qui sont d'excellents moments pour accélérer les possibilités de transmutations des événements que vous désirez faire évoluer.

## Exercice 48 : Le bâton chamanique

L'identité du chaman s'affiche aussi par la matérialisation de son changement et de son évolution intérieure. Ce n'est pas de l'égo mal placé, mais la prise de conscience que, face à autrui, mais aussi pour soi-même, il faut affirmer et vivre ses connaissances. Le bâton chamanique, objet rituel, n'appartient qu'à celui qui l'a choisi : il est comme l'empreinte éthérique de sa représentation énergétique.

**Tâchez d'être neutre, le plus possible dégagé de votre conscience habituelle. Préparez-vous pour une bonne balade en forêt.**

1. Soufflez par de longues expirations afin de bien rentrer en communication avec vous-même. Demandez l'aide de vos guides spirituels, alliés, animal totem.

2. Tout en tenant vos yeux fermés, verbalisez votre demande : « Je demande à rencontrer mon bâton de chaman… » Concentrez-vous bien sur cette demande. Peut-être percevrez-vous une image, un emplacement dans la nature – clairière, forêt profonde…

3. Ouvrez les yeux, marchez tranquillement en vous laissant guider par votre instinct (un chemin plutôt qu'un autre, un passage à travers des buissons…)

4 Au bout d'un moment, un arbre va vous attirer, vous ressentirez le besoin de vous saisir d'une des branches vivantes. Demandez-la à l'arbre, ne soyez pas brutal, prenez-la avec respect et donnez quelque chose en échange : une prière, un remerciement, de l'eau…

5 À votre retour, vous pourrez ornementer votre bâton de fils, de plumes, etc., décoration que vous modifierez au gré du temps et qui symbolisera votre accroissement spirituel.

**Commentaire**

À chaque fois que vous vous manifesterez en tant que chaman, dans une cérémonie, dans votre cercle de pouvoir, vous tiendrez ce bâton en main, il renforcera votre énergie personnelle.

Votre bâton chamanique symbolise votre intention de progresser sur votre chemin mais aussi l'étendue de vos connaissances. Ce bâton va donc s'orner petit à petit de différents symboles qui représenteront vos réussites, lui conférant alors force et puissance.

## ★ Exercice 49 : Le guerrier de lumière

Vous devenez guerrier de lumière dès que vous consentez à progresser dans le développement de vos facultés de pouvoir et de maîtrise. L'outil idéal, la perfection en tout !

**Asseyez-vous dans un lieu public (banc, café...), le dos droit.**

1. Respirez calmement. Commencez à observer une personne qui passe : son pas, sa vitesse, a-t-elle l'air bien présente, absente ? Continuez avec une autre. Posez-vous les mêmes questions, mais essayez de percevoir le type d'énergie qu'elle dégage : terne, lumineuse, cachée... Prenez une troisième personne, reprenez les deux premiers processus, mais tentez, en plus, de vous « brancher » directement avec elle intérieurement, par votre attention, comme si vous la connaissiez déjà. Dans quel état émotionnel vous paraît-elle ?

2. Observez simplement ce qui vous entoure au plus près : couleurs, odeurs, sons, personnes, ambiance générale... Développez vos antennes-relais pour bien comprendre l'endroit où vous êtes. Soyez attentif aux signes éventuels qui tentent de vous parler : un arbre qui laisse s'envoler ses feuilles vers vous, un rayon de soleil qui joue sur un objet transparent, une personne qui vous observe ou non... Développez cette conscience dans votre présent, dans l'« ici et maintenant ».

3. Décomposez chaque scène avec cette conscience accrue.

**Exemples :** la personne qui passe a l'air soucieuse, mais possède une bonne énergie, elle est dans une problématique d'anxiété...

Plus loin j'observe que l'arbre perd ses feuilles par paquets et qu'il se dénude… Je suis face à une foule clairsemée ; sur ma table il y a un objet vert et mes gants…

**4** **Oubliez votre rôle d'observateur ; dirigez votre regard soit loin, dans le vide, soit directement vers le sol. Branchez-vous uniquement sur votre respiration qui rentre et sort par le nez ; laissez tout cet instant présent prendre une autre mesure, plus large et spacieuse.**

## Commentaire

Vous devez intégrer ce travail progressivement, prendre le temps d'être dans l'« ici et maintenant », développer la « deuxième vision » comme une faculté naturelle par une observation sans jugement de valeur, une observation pratique, qui n'amène pas mille pensées.

Cette simple observation réduit l'influence du parasitage mental, éjecte peu à peu les conduites de vie automatiques ou ronronnantes. Vous serez étonné de voir que beaucoup de vos fonctionnements habituels résultent en fait d'un comportement mental dont vous n'aviez pas conscience. Vous allez aussi déterrer votre propre « gendarme », celui qui interdit et régente !

Ce type d'observation, appelé aussi méditation de pleine conscience, élague l'arbre des certitudes, projections ou transferts que l'on crée pour fonctionner « normalement ». Cependant, il faut aussi, à un moment, supprimer l'observateur et profiter d'une conscience élargie, où l'on passe au-delà de ses constructions, sinon un autre comportement automatique s'impose.

Cette technique développe l'infaillibilité, cela évite de gaspiller son énergie inutilement…

## ★ Exercice 50 : La mort initiatique

Sans vous en rendre compte, depuis toujours vos facultés innées intéressent beaucoup de familles d'esprits. Car, en vous accompagnant, eux aussi grandissent en interaction avec le chemin que vous réalisez.

**Tracez votre cercle de pouvoir au sol, assez grand pour vous allonger dedans.**

1. Marquez les points cardinaux. Représentez la Terre par des cailloux posés sur ces points. Placez-vous, debout, dans le cercle.

2. Commencez à battre sur votre tambour un rythme lent et hypnotique ; ne sortez pas du cercle. Vous allez, petit à petit, passer en conscience altérée, être plus sensible à ce qui vous entoure. Demandez verbalement à être mis en contact avec les êtres énergétiques qui le veulent,

tout en étant conscient de la protection de votre animal totem.

3 Continuez à danser et à battre le tambour (vous ne serez pas fatigué de toute façon) ou, quand vous le sentez, allongez-vous dans le sens que votre intuition ou une sorte d'obligation supérieure vous indiquera. Si vous continuez à danser, vous ressentirez une attirance vers un point : laissez votre regard s'y perdre et avoir des visions. Si vous êtes allongé, que vos yeux soient fermés ou non, des formes énergétiques vont se mouvoir devant votre regard. Dans les deux cas, souvenez-vous que vous êtes sous la protection de votre animal totem ou de vos alliés : ne craignez rien.

4 Vous allez reconnaître certains esprits par leur apparence (venteuse, minérale, végétales, liquide…) ou les entendre, les ressentir. Laissez faire.

5 Adoptez la position fœtale. Laissez-vous happer, vous pouvez ressentir un certain inconfort ou vous trouver dans un état extatique, mais, à un moment ou à un autre, vous sentirez que quelque chose meurt à l'intérieur de vous, comme une porte qui se ferme sur votre ancienne vie. Vous pouvez tout de suite (ou dans le sommeil qui suivra plus tard) vous rêver comme mort, décharné : c'est extrêmement positif ! Cela voudra dire que votre mort initiatique

vient de se passer, que votre première mue vient d'être effectuée et que vous déclenchez un autre cran de votre initiation, avec la bénédiction des esprits de la nature !

## Commentaire

Cette mort initiatique est le début d'une nouvelle vie ; la famille d'esprit qui vous a accueilli en son sein pour ce passage se montrera régulièrement dans vos rêves, par des intuitions, des envies soudaines d'agir. Comme protecteurs et initiateurs, ils vous amèneront encore plus loin. À vous de remercier régulièrement, par votre gratitude, des pensées constructives directement adressées à eux.

Il se peut que vous arriviez à situer immédiatement – sinon, attendez d'autres rencontres – la famille comme étant de l'air, de l'eau… Cet élément vous correspondra alors et il vous faudra l'utiliser (pratiquer vos exercices à proximité d'une source ou près d'un feu, par exemple) pour renforcer vos démarches sur le chemin de la connaissance.

Vous pourrez remarquer qu'en France, parcourir le labyrinthe au centre d'une cathédrale vous oblige, à chaque angle, à vous arrêter face à un pilier et que ce pilier représente lui aussi une famille d'esprit… Pas besoin d'aller loin…

# CONCLUSION

Les exercices qui vous ont été proposés ici seront de plus en plus efficaces à force de répétitions : chaque fois vous en apprécierez un peu plus les bénéfices.

Ouvrir le monde se pratique patiemment de jour en jour. L'important est d'accepter que cela implique une vision totalement différente de ce qui vous entoure, que, derrière les phénomènes, existent d'autres phénomènes. C'est cette forme de détachement qui va vous apporter joies et réconfort.

Il est certain que vous vous éloignerez peu à peu de certains fonctionnements, donc d'habitudes de vie, de types de relations humaines, mais cela doit vous rendre plus ouvert, plus enclin à apporter votre aide. Si votre chemin devient plus égoïste, davantage dans la relation de pouvoir ou de jugement, c'est que vous faites fausse route et que vous êtes « possédé » par vos propres ombres et projections.

Le chamanisme est intimement lié à la notion de partage ; le chaman, intrinsèquement, cherche la fusion avec l'univers et ses éléments. C'est pourquoi il est très important de commencer toute pratique par une salutation (exercice **n° 28**) et surtout de la terminer en remerciant et en offrant les fruits de ses recherches.

Ce livre est un bon départ ; en changeant et avec l'enracinement des pratiques, il est certain que vous serez amené à rencontrer des chamans « confirmés » : quand l'apprenti est prêt, le maître arrive, que ce soit sous forme physique ou non physique, sous forme d'événements directeurs de vie ou d'interdépendances…

Et d'autres mondes encore naissent de ces rencontres…

# GLOSSAIRE

**Aura** : l'aura, en ésotérisme, désigne le contour, coloré ou non, comme un halo de lumière, qui rayonne autour du corps ou de la tête d'un être vivant et qui est la manifestation d'un ou de plusieurs champs d'énergie.

**Autohypnose** : par autohypnose, on désigne, ici, un état mental dans lequel une vigilance profonde est associée à une relaxation extrême ; le sujet cesse de diriger volontairement le cours de ses pensées et se connecte avec son inconscient, ses émotions profondes…

**Cercle de pouvoir** : le cercle de pouvoir est un cercle dessiné, ou délimité par des pierres, au sol, par le chaman et où sont généralement indiquées les directions des quatre points cardinaux. Sa taille correspond à ce que l'on appelle « distance de sécurité » ou « espace vital » : on peut le dessiner avec un bâton, debout. Si l'on peut le tracer, il est cependant indépendant du lieu de pouvoir.

**Chakra** : par chakras, terme sanskrit (Inde), on désigne les points de jonction des canaux énergétiques du corps humain. Il y en a sept principaux (le chakra racine, au niveau du périnée ; le chakra sacré, juste au-dessous du nombril ; le chakra du plexus solaire, entre le nombril et le sternum ; le chakra du cœur, au centre de la poitrine ; le chakra de la gorge, à la base du cou ; le chakra du troisième œil, entre les sourcils ; le chakra de la couronne, au sommet du crâne).

**Conscience altérée** : la conscience altérée est une altération de l'état « habituel » de conscience : on se sent un peu comme dans un rêve, mais en gardant sa volonté propre d'agir. Elle s'apparente à la « pratique éveillée » bouddhiste qui permet d'accéder à un état de conscience modifié, intermédiaire entre la conscience logique et le sommeil.

**Lâcher prise** : le lâcher prise est une façon de ne rien attendre, ne rien vouloir ni désirer excessivement ; il porte au-delà de l'attachement, c'est le contraire du contrôle.

**Lieu de pouvoir** : le chaman choisit un lieu de pouvoir dans lequel il peut se réfugier et rencontrer ses alliés (exercice **n° 17**). Il ne faut pas le confondre avec le cercle de pouvoir.

**Mantra** : le mantra, dans le bouddhisme, est une formule que l'on répète en rythme au cours des méditations.

**Médecine** : par médecine, on désigne, dans le chamanisme, toute pratique visant à obtenir un juste équilibre, psychique, physique et spirituel ; cet équilibre permet de suivre le chemin de la sagesse.

**Méridiens** : les méridiens désignent ici les canaux énergétiques dans lesquels circule l'énergie vitale pure et qui relient entre eux les chakras.

**Tellurique/tellurisme** : le tellurisme est l'expression de certaines énergies émanant de la Terre ; il y a un tellurisme général qui couvre la totalité de la planète et un tellurisme fort qui se manifeste en des endroits particuliers, soit sur des points précis, soit sous forme de méandres étendus sur plusieurs kilomètres.

**Transe** : la transe désigne un état second dans lequel la conscience est modifiée ; par la transe, le chaman accède à ses capacités (voyages, visions…).

# POUR ALLER PLUS LOIN

Castaneda C., *Voir – Les enseignements d'un sorcier yaqui*, Éditions Gallimard, février 1973.

Harner M., Huguelit L., *La Voie du chamane – Un manuel de pouvoir & de guérison*, Mama éditions, avril 2011.

Huguelit L., Chambon O., *Le chamane et le psy – Un dialogue entre deux mondes*, Mama éditions, avril 2011.

Michetchkina E, *Les secrets du chamanisme sibérien – Initiation*, Éditions Vega, février 2013.

Narby J., *Anthologie du chamanisme – Cinq cents ans sur la piste du savoir*, Éditions Albin Michel, avril 2009.

Ruiz M., *Les quatre accords toltèques – La voie de la liberté personnelle*, Éditions Jouvence, juin 1999.

Sapa H., *Les rites secrets des indiens sioux*, Éditions Payot, novembre 2004.

Séjournant M., *Le Cercle de vie – Initiation chamanique d'une psychothérapeute*, Éditions Albin Michel, mars 2001.

Sombrun C., *Les esprits de la steppe – Avec les derniers chamanes de Mongolie*, Éditions Albin Michel, octobre 2012.

Wurtz G., *Chamanisme celtique : Une transmission de nos terres*, Éditions Vega, mars 2013.

# DANS LA MÊME COLLECTION

Philippe Auriol et Marie-Odile Vervisch,
- *50 exercices pour apprendre à s'engager.*
- *50 exercices pour s'affirmer.*
- *50 exercices pour changer de vie.*
- *50 exercices pour penser positif.*

Sophie et Laurence Benatar, *50 exercices de relooking.*

Laurence Benatar, *50 exercices de confiance en soi.*

France Brécard, *50 exercices pour savoir dire non.*

Christophe Carré,
- *50 exercices pour maîtriser l'art de la manipulation.*
- *50 exercices pour résoudre les conflits sans violence.*

Catherine Clouzard, *50 exercices de Gestalt.*

Catherine Cudicio, *50 exercices de PNL.*

Joëlle Cuvilliez et Martine Medjber-Leignel, *50 exercices de rire.*

Hélène Dejean et Catherine Frugier, *50 exercices d'analyse transactionnelle.*

Émilie Devienne (sous la direction de), *50 exercices pour bien commencer l'année.*

Émilie Devienne, *50 exercices pour prendre la vie du bon côté.*

Valérie Di Daniel,
- *50 exercices pour mieux respirer.*
- *50 exercices pour gérer ses émotions.*
- *50 exercices pour maîtriser son mental.*

Gilles Diederichs,
- *50 exercices de spiritualité.*
- *50 exercices de zen.*
- *50 exercices d'altruisme.*
- *50 exercices pour méditer dans la nature.*
- *50 exercices de détachement juste.*
- *50 exercices de chamanisme.*

Brigit Hache et Joëlle Marchal,
- *50 exercices pour se consoler.*
- *50 exercices pour mieux vivre avec les pierres.*

Laurie Hawkes, *50 exercices d'estime de soi.*

Bernadette Lamboy, *50 exercices pour être bien dans son corps.*

Marielle Laheurte,
- *50 exercices pour décrypter ses rêves.*
- *50 exercices de visualisation créatrice.*

Philippe Lebreton, *50 exercices pour développer son influence.*

Philippe Lebreton et Patricia du Sorbier, *50 exercices pour développer son empathie.*

Laurence Levasseur,
- *50 exercices pour gérer son stress.*
- *50 exercices pour prendre la parole en public.*
- *50 exercices pour profiter du moment présent.*

Virgile Stanislas Martin,
- *50 exercices pour pratiquer la Loi d'Attraction.*
- *50 exercices pour convaincre.*
- *50 exercices d'Ho'oponopono.*

Virgile Stanislas Martin et Guillaume Poupard, *50 exercices de systémique.*

Sophie Mauvillé et Patrick Daniels, *50 exercices pour décrypter les gestes.*

Mireille Meyer, *50 exercices d'autohypnose.*

Paul-Henri Pion, *50 exercices pour lâcher prise.*

Géraldyne Prévot-Gigant,
- *50 exercices pour développer son charisme.*
- *50 exercices pour apprendre à méditer.*
- *50 exercices pour sortir de la dépendance affective.*
- *50 exercices pour sortir du célibat.*

Jacques Regard,
- *50 exercices pour ne plus subir les autres.*
- *50 exercices pour ne plus tout remettre au lendemain.*
- *50 exercices pour retrouver le bonheur.*

Maria-Dolorès Sanchez, *50 exercices de contre-manipulation.*

Marie-Jeanne Trouchaud, *50 exercices de psychogénéalogie.*

Jean-Philippe Vidal, *50 exercices pour mieux communiquer avec les autres.*

## Dans la même série :

Lorenzo Bé, *50 exercices pour domestiquer son ado.*

Guillaume Clapeau,
- *50 exercices pour survivre aux réunions de famille.*
- *50 exercices pour se débarrasser de ses voisins.*

E.M. Caussurien, *50 exercices pour mal élever ses enfants.*

Émilie Devienne, *50 exercices pour rater sa thérapie.*

Émilie Devienne et Yves Peysson, *50 exercices pour devenir un vrai geek.*

Philippe Noyac, *50 exercices pour terrasser ses ennemis.*

Tonnie Soprano et Billie Alto, *50 exercices pour éduquer son homme.*

# À PROPOS DE L'AUTEUR

**Gilles Diederichs** est musico-thérapeute et sophro-relaxologue. Formé à la chromothérapie et à la PNL, il intervient en entreprise sur la gestion du stress. Il est aussi auteur, compositeur et interprète de musiques de bien-être destinées aux enfants comme aux seniors.

pca
cmb
édition pré-presse
livres numériques

44400 Rezé

Impression & brochage SEPEC
N° d'imprimeur : 02672150101
Dépôt légal : janvier 2016
*Imprimé en France*

IMPRIM'VERT®

PEFC™ **10-31-1470 / Certifié PEFC** / Ce produit est issu de forêts gérées durablement et de sources contrôlées. / pefc-france.org